101 DATOS DEL ESPACIO

LIBSA

C/ Puerto de Navacerrada, 88
28935 Móstoles (Madrid)
Tel.: (34) 91 657 25 80
e-mail: libsa@libsa.es
www.libsa.es

Textos: Belén Martul Hernández
Ilustración: Archivo editorial Libsa,
Shutterstock Images, NASA

ISBN: 978-84-662-4435-0

DL: M-1497-2025

CONTENIDO

1 EL UNIVERSO

está formado por millones de galaxias

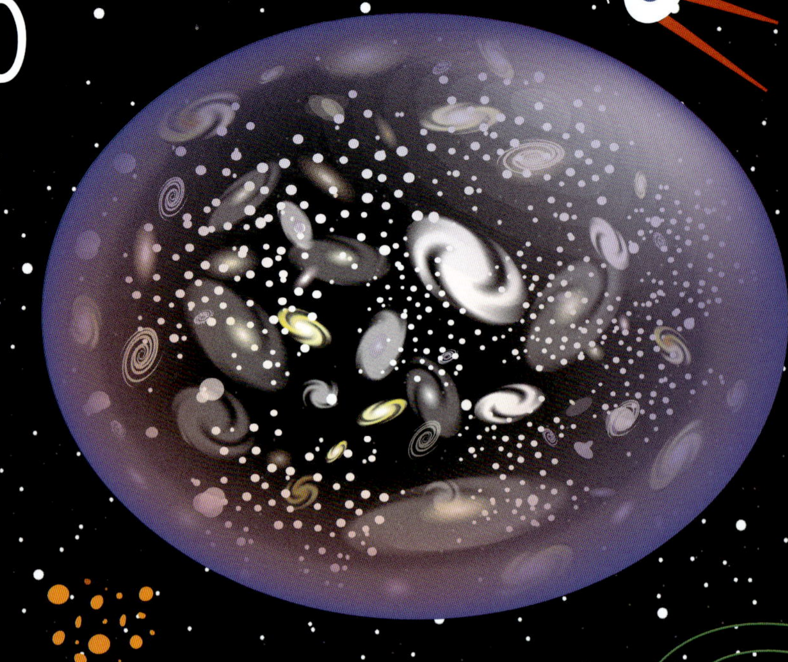

El universo es más grande que cualquier cosa que puedas imaginar, y está lleno de galaxias. Cada una tiene sus propias estrellas, planetas y misterios por descubrir. Los científicos estiman que puede haber cerca de dos billones de galaxias en el universo observable. ¡Eso es un número muy grande!

Piensa en cuando miras las estrellas por la noche. Todas ellas forman parte de nuestra galaxia, la Vía Láctea. Pero no estamos solos. Hay millones de otras galaxias. Para que te hagas una idea: si pudieras recoger todos los granos de arena de una playa muy grande, estarías todavía muy lejos de contabilizar el número de galaxias que existen. ¡El universo es algo gigante!

2 ¿QUÉ ES EL SUPERVACÍO de Eridanus?

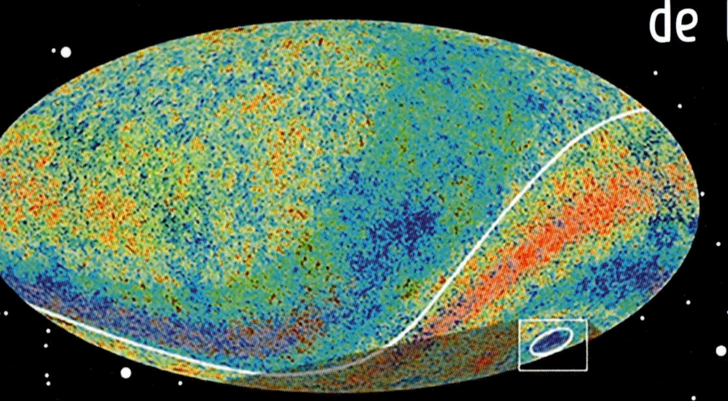

Punto frío que coincide con el supervacío de Eridanus

Las galaxias están distribuidas de manera bastante uniforme por todo el espacio, pero hay lugares donde su número es menor de lo esperado. Esto es lo que ocurre en el supervacío de Eridanus, una región del universo que es extremadamente grande. En esa zona no hay muchas estrellas, ni galaxias ni planetas. ¡Casi no hay nada!

En 2004, los científicos descubrieron una estructura vacía inmensa, con poca materia, situada en un punto sorprendentemente frío. El supervacío es un espacio muy solitario y oscuro en medio del universo conocido. Su origen sigue siendo objeto de investigación y ¡un misterio por resolver!

3 ¿QUÉ ES UN SUPERCÚMULO de galaxias?

Un supercúmulo de galaxias es un grupo gigante de muchas galaxias situadas todas en un mismo lugar del espacio. La Vía Láctea forma parte de Laniakea, una agrupación tan grande que, si tuvieras una nave espacial, necesitarías miles de millones de años para recorrerla de un lado al otro. ¡Es un lugar enorme donde viven miles y miles de galaxias!

- A principios de septiembre de 2014, un grupo de astrónomos, dirigido por R. Brent Tully, de la universidad de Hawái, mostró cuál era el supercúmulo al que pertenecía nuestra galaxia. Lo bautizaron con el nombre de Laniakea, que en hawaiano significa «cielo inmensurable». Agrupa más de cien mil galaxias de un tamaño parecido a nuestra Vía Láctea. Cada una es como una gota de agua en un caudaloso torrente fluvial.

- Si esta formación es sorprendente, el universo alberga una estructura todavía mayor: la Gran Muralla de Hércules-Corona Boreal. Es como una gran pared gigantesca de galaxias. ¡La superestructura más grande conocida!

4 ¿CUÁL ES LA GALAXIA más lejana?

La galaxia JADES-GS-z14-0 es una galaxia muy lejana y brillante cuya luz ha estado viajando unos 13 400 millones de años hasta llegar a nosotros. Es como si estuviéramos viendo una foto de esa galaxia cuando el universo apenas comenzaba a existir. ¿Qué secretos nos desvelará de su origen?

- Gracias al poderoso telescopio espacial James Webb, que es capaz de ver muy lejos, se pudo descubrir esta galaxia en 2024. Al mirarla, estamos viendo cómo eran las cosas hace muchísimo tiempo. Es una de las galaxias más distantes descubiertas hasta la fecha. ¿Cuánto tiempo mantendrá este récord?

JADES-GS-z14-0

James Webb

Big Bang
13 800 millones de años

Actualidad

5 ¿Y LA MÁS GRANDE?

Es difícil medir el tamaño real de una galaxia, porque a veces no se sabe muy bien dónde están sus límites, aunque, con seguridad, una de las galaxias más grandes que conocemos se llama IC 1101, ¡y es una elíptica supergigante!

- Si la Vía Láctea tiene millones de estrellas, IC 1101 tiene billones. Dentro de ella cabrían unas 60 galaxias como la nuestra.
- Imagina que puedes viajar a la velocidad de la luz. Pues incluso a esa velocidad, necesitarías casi seis millones de años luz en cruzarla de un extremo a otro.

La Tierra está aquí

IC 1101

6 ¿A QUÉ VELOCIDAD se mueven las galaxias?

Cada galaxia se mueve a su propio ritmo. Su velocidad depende de tres factores: la edad, dónde están situadas y lo que tienen alrededor. La expansión constante del universo hace que el espacio entre los cuerpos crezca con el tiempo, así que las galaxias del universo más lejano se mueven más rápido.

- Imagina que las galaxias son unos bólidos espaciales en una gran carrera cósmica. La Vía Láctea se mueve a 600 km/s, así que viaja 150 veces más rápido que un cohete. Hay galaxias más veloces que se mueven a más de 1 000 km/s, como si tuvieran un supermotor espacial. Y las galaxias más lejanas son las que se mueven a más velocidad. ¡Son las campeonas del universo!

Vía Láctea
600 km/s

Galaxia NGC 7513
1 564 km/s

Cuásar 3C 186
2 000 km/s

ANDRÓMEDA, LA GALAXIA CERCANA con más estrellas

La galaxia de Andrómeda, también conocida como M31, es una de las galaxias más brillantes en nuestro vecindario cósmico. Su diámetro es casi el doble de la Vía Láctea y tiene muchas estrellas, ¡alrededor de un billón!

- A lo largo de su historia, de miles de millones de años, Andrómeda ha chocado y se ha fusionado con otras galaxias y eso ha hecho que sea muy grande. Además, contiene mucho gas y polvo, componentes esenciales para que se formen las estrellas. ¡Parece una fábrica estelar!

- Alpheratz –también conocida como Sirah– es la estrella más brillante de Andrómeda. En realidad está formada por dos estrellas que orbitan una alrededor de la otra.

8 ¿PUEDE UNA ESTRELLA SER MÁS VIEJA que el mismo universo?

Conocemos una estrella casi tan vieja como el universo. Es la HD 140283, conocida popularmente como Matusalén. Tiene más de 13 000 millones de años. ¡Imposible soplar tantas velas!

Matusalén ya brillaba cuando no existían los dinosaurios, ni la Tierra, ni nada de lo que conocemos. Ha visto casi todo lo que ha pasado en el universo desde su origen. Luce en nuestra Vía Láctea, a unos 190 años luz de la Tierra. Es como una superabuela estelar. ¿Imaginas la de historias que podría contar?

¡TIENE MÁS AÑOS QUE YO!

9 Y LA ESTRELLA MÁS GRANDE es...

¡Stephenson 2-18! Esta hipergigante roja es, por ahora, la estrella más grande conocida. Se estima que su radio es 2 150 veces más grande que el del Sol. Si estuviera en el centro de nuestro sistema solar, ¡se extendería más allá de la órbita de Saturno!

Hasta hace poco, UY Scuti tenía el honor de ser la estrella más grande, pero Stephenson 2-18 la acaba de destronar con un tamaño que la supera en un 25 %. No sabemos por cuánto tiempo conservará el título en esta batalla de gigantes cósmicos, pero seguirá siendo una estrella colosal.

10 ¿CUÁNTAS ESTRELLAS HAY en la Vía Láctea?

En la Vía Láctea se estima que hay entre 200 y 400 mil millones de estrellas que brillan en el cielo. Algunas son más grandes que nuestro Sol, y otras son tan pequeñas como bolas de luz. Muchas de ellas tienen sus propios planetas dando vueltas alrededor. ¡Qué vecindario más luminoso!

Distancia: 80 000 años luz

- Si tuvieras que contar las estrellas de la Vía Láctea una por una, y contaras una estrella por segundo, necesitarías entre 6 000 y 12 000 años para terminar el recuento. ¡Son muchas estrellas!

- En la Vía Láctea hay estrellas de todos los tamaños. Algunas, como UY Scuti, son gigantes. Otras, como las enanas rojas, son muy pequeñas, apenas un punto de luz.

1, 2, 3...
4 MILLONES...

- Hay estrellas en pareja, binarias, que giran alrededor del mismo punto. ¡Es como si bailaran en el espacio!

Sistema solar

- El Sol es solo una de las estrellas de la Vía Láctea, ni la más grande ni la más brillante. Aunque es muy especial para nosotros.

- La estrella más cercana a nosotros, después del Sol, es Próxima Centauri, que está a unos 4,24 años luz de distancia. Si pudiéramos viajar a la velocidad de la luz, que es muchísima velocidad, ¡tardaríamos 4 años en llegar hasta ella!

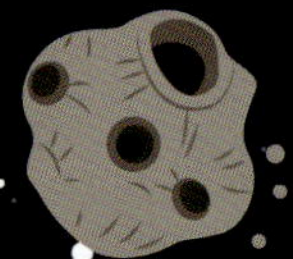

11 ¿CUÁL ES LA ESTRELLA más masiva?

R136a1 es la estrella más masiva y luminosa descubierta hasta ahora. Debido a su lejanía, no podemos verla desde la Tierra a simple vista. Si estuviéramos más cerca, su luz sería tan intensa que haría que Sirio –la estrella más brillante que podemos ver en el cielo nocturno– pareciera una luciérnaga a su lado.

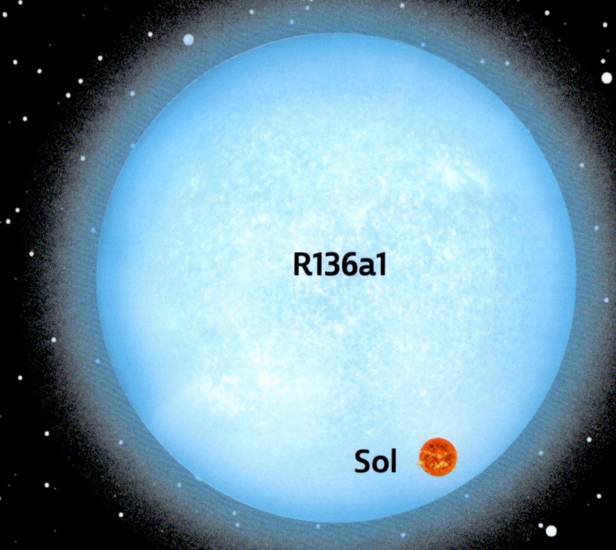

- Esta estrella hipergigante azul se encuentra en el centro de la nebulosa de la Tarántula, en la Gran Nube de Magallanes, a unos 163 mil años luz de la Tierra. Tiene una masa enorme, alrededor de 265 veces la del Sol, y su luminosidad es 6 millones de veces superior a la de nuestro astro. ¡A su alrededor no hay quien viva con esta radiación!

12 ¿CUÁL ES LA ESTRELLA más veloz?

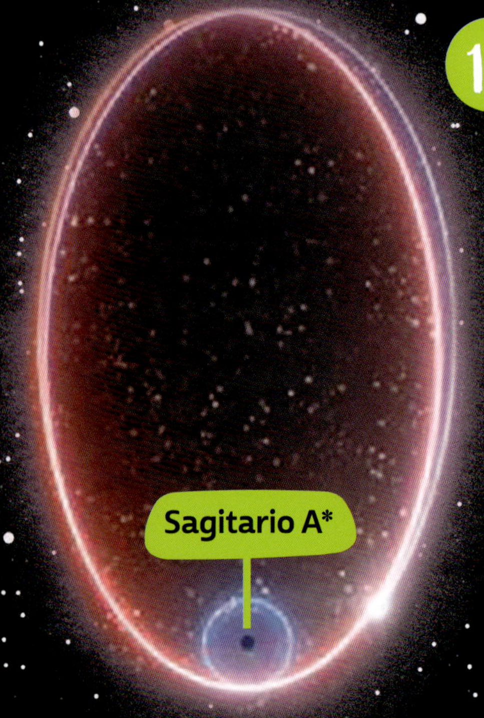

S4714 es una de las estrellas más rápidas conocidas. Alcanza una increíble velocidad de 24 000 km/s en su órbita alrededor del agujero negro supermasivo que está en el centro de la Vía Láctea y que se conoce como Sagitario A*.

- Hay un grupo de estrellas que orbitan muy cerca de este agujero negro. La intensa gravedad del mismo las acelera a velocidades extremas, como la que alcanza la estrella azul S4714 en su órbita al alcanzar el punto más cercano a Sagitario A*. ¡Alrededor del 8 % de la velocidad de la luz!

13 ¿CUÁLES SON LAS ESTRELLAS más frías?

Las enanas rojas no brillan tanto como el Sol. Son estrellas pequeñas y las más frías del universo. Aunque no tienen tanta energía como las estrellas más grandes, siguen emitiendo una luz suave y pueden vivir billones de años, más que cualquier otra estrella.

SOL

Enana roja

Principales características de las enanas rojas:

1 Muchas enanas rojas tienen planetas a su alrededor.

3000 °C

2 Tienen temperaturas de 2 500 °C a 4 000 °C . Eso no es nada comparado con el Sol, que está a unos 5 500 °C.

3 Son muy comunes. Más del 70 % de las estrellas de la Vía Láctea son enanas rojas, pero su brillo es tan tenue que no podemos verlas a simple vista.

4 Viven mucho tiempo, más que otras estrellas, pues las reacciones en sus núcleos se producen a baja velocidad. ¡Algunas vivirán más años que el propio universo tiene ahora!

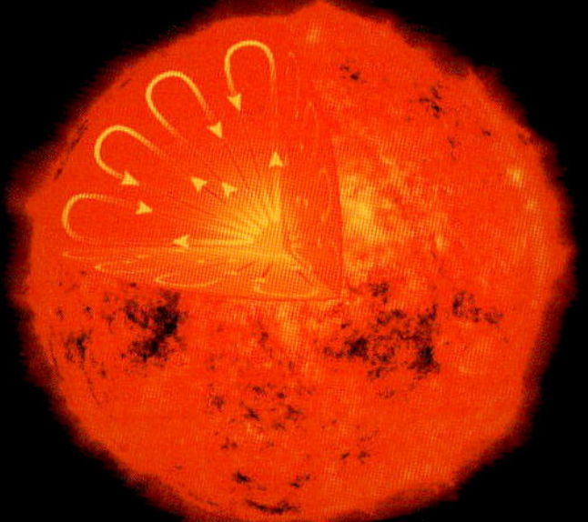

5 Su vida es muy tranquila y discreta, no explotan como las supernovas, simplemente brillan y se van apagando lentamente.

14 ¿CUÁL ES EL LUGAR MÁS FRÍO del universo?

La Nebulosa Boomerang es el punto más frío del cosmos conocido. La temperatura allí es de -272 °C. ¿A que te quedas helado?

- En la Tierra el lugar más gélido es la Antártida, donde se ha registrado una temperatura de -93,2 °C, que ya es mucho frío. Pues comparado con esta nebulosa, ¡te parecería que el Polo Sur es un lugar cálido!

Nebulosa Boomerang

- Este frío extremo se produce porque la nebulosa está soltando gas muy rápido, y esto enfría todo a su alrededor hasta crear el lugar más gélido del universo.

15 ¿Y EL LUGAR MÁS TRANQUILO?

Los vacíos cósmicos son las áreas más deshabitadas del universo. Son como burbujas gigantes donde el espacio está muy vacío de materia. No hay casi galaxias, ni estrellas ni casi nada. Tienen tamaños enormes de millones de años luz de ancho y ¡son los rincones más solitarios del cosmos!

Vacío cósmico

- Aunque no tienen prácticamente materia, existen pequeñas cantidades de hidrógeno y helio y algunas partículas subatómicas. Los científicos creen que posiblemente contengan también materia y energía oscura. Además, no hay casi gravedad, por lo que cualquier objeto dentro de este vacío no es atraído con fuerza hacia ningún lugar. ¡No hay mucho movimiento en estos desiertos cósmicos!

16 LOS AGUJEROS NEGROS lo atrapan todo

¡VOY PARA DENTRO!

En estas regiones del espacio la gravedad es tan fuerte que nada puede escapar de su atracción, ni siquiera la luz. Los agujeros negros son muy densos, y toda la masa colapsa en un punto central. Todo lo que se encuentra cerca de ellos es absorbido y almacenado en su interior. ¡Son unos monstruos glotones!

- Cuando una estrella gigante llega al final de su vida, explota en una supernova y su núcleo se contrae en un cuerpo muy denso que se convierte en un agujero negro.
- Pueden emitir poderosas ondas de radiación y afectar al movimiento de estrellas y materia cercanas. Tienen una superfuerza: ¡son capaces de deformar el espacio y el tiempo a su alrededor!

17 ¿CUÁL ES EL AGUJERO NEGRO con más masa?

TON 618 es el agujero negro más gigantesco y poderoso que conocemos. Se estima que tiene una masa similar a 66 mil millones de veces la masa de nuestro Sol. ¡Es el objeto más grande del universo!

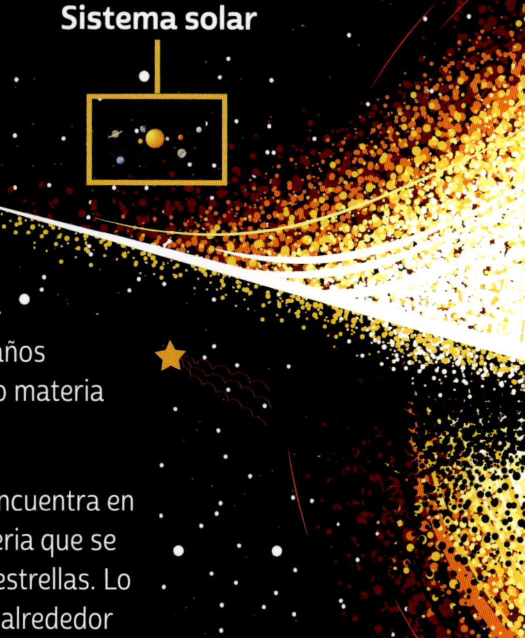

- Se formó cuando el universo era muy joven, solo 3 400 años después del Big Bang. Desde entonces lleva absorbiendo materia y atrapándola en su interior.
- Aunque los agujeros negros no emiten luz, TON 618 se encuentra en el centro de una galaxia lejana, un cuásar, y toda la materia que se le acerca y se calienta brilla más fuerte que millones de estrellas. Lo que vemos es el brillo de todo lo que se traga y que gira alrededor de él. ¡Es uno de los lugares más luminosos del universo!

18 ¿QUÉ ESTRELLA BRILLA MÁS en nuestro cielo nocturno?

Sirio es la estrella más brillante que podemos ver desde la Tierra por la noche. Su luz destaca sobre todas las demás, es como una linterna en el cielo oscuro. Brilla 25 veces más que el Sol, así que si estuviera tan cerca como él ¡su luz nos cegaría!

- Sirio no está sola. Una enana blanca, conocida como Sirio B, orbita alrededor de ella en la constelación de estrellas llamada Can Mayor. Si te fijas en cómo se agrupan, entenderás el porqué de este nombre.

- Los egipcios relacionaban la primera aparición en el horizonte de Sirio poco antes del amanecer con la crecida del Nilo y la mejora de sus cosechas, por lo que era un símbolo de esperanza para su pueblo.

19 EL SOL SALE POR EL OESTE... en Venus

Venus es un planeta muy especial y curioso. Gira en sentido contrario al resto de los planetas y por eso el Sol sale por el oeste y se pone por el este. Le gusta llevar su propio ritmo y por eso ¡todo parece al revés allí!

- Venus tiene sus propias reglas del juego. Es un planeta un poco rebelde. Gira muy despacio y al revés que el resto. Ama ser diferente. Para ver allí la puesta de Sol tendrías que mirar hacia el este. ¡Vaya lío!

20 EL PLANETA MÁS INCLINADO

es Urano

De todos los planetas del sistema solar hay uno que está inclinado casi 98 grados y gira como si estuviera acostado. Mientras se mueve alrededor del Sol, parece que está tumbado y descansando. Algunos científicos creen que el impacto de algún objeto en el pasado hizo que se ladeara.

θ=97,8°

SOL

- Al estar tan inclinado, sus regiones polares reciben durante el transcurso del año más energía del Sol que las ecuatoriales.
- Una vuelta completa de Urano alrededor del Sol le lleva 84 años terrestres. ¡Un largo paseo para aprovechar e ir tumbado!

21 ¿QUÉ PLANETA FLOTARÍA

en un océano gigante?

Si tuvieras un océano enorme y pusieras a Saturno en él, verías a este planeta gigante flotar como un patito de goma. Aunque tiene un tamaño gigante, mucho más grande que la Tierra, no pesa tanto como parece porque está hecho de gases muy ligeros. ¡Es como una bola grande de gas!

- Saturno está hecho principalmente de gases como el hidrógeno y el helio, mucho más ligeros que las rocas y metales de planetas como la Tierra, por eso su densidad es más baja que la del agua. Eso sí, para verlo flotar necesitarías encontrar un océano monstruosamente grande.

22 MERCURIO GIRA MUY RÁPIDO alrededor del Sol

Mercurio es el planeta más pequeñito pero el más rápido de todo el sistema solar en girar alrededor del Sol. Necesita solo 88 días terrestres para dar una vuelta completa en su órbita. ¡Es el campeón en esta categoría!

Mercurio

- El nombre de este planeta procede del más veloz de los dioses del Olimpo. Mercurio era el mensajero de los dioses y se desplazaba a gran velocidad, volando muchas veces del cielo a la Tierra y de la Tierra al cielo gracias unas poderosas sandalias aladas que poseía. No es extraño que bautizaran a este planeta con su nombre.

- Un día en Mercurio dura casi como 59 días nuestros. Días muy largos y años muy cortos. ¡Qué sorprendente es el universo!

23 LOS VIENTOS EN NEPTUNO son los más rápidos

Los vientos en Neptuno son los más intensos del sistema solar. Pueden ir a más de 2 000 km/h, ¡más rápido que los aviones más veloces!

- Neptuno está muy lejos del Sol. Es un planeta muy frío, y allí los vientos son huracanados y los más fuertes del universo. Incluso los vendavales más potentes de la Tierra serían como una brisa suave en los dominios de Neptuno. ¡Agárrate fuerte para no salir volando!

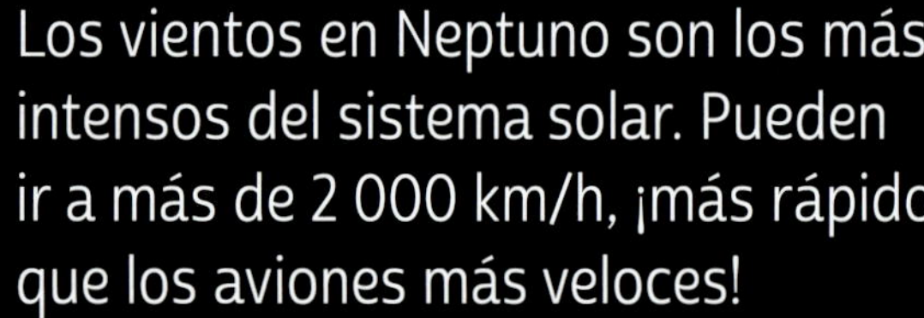

24 ¿EN QUÉ PLANETAS no te podrías poner de pie?

Imagina que estás viajando por el espacio y quieres visitar algunos planetas del sistema solar. Ten cuidado entonces porque hay algunos en los que no te podrías poner de pie porque están hechos de gas. Hablamos de Júpiter, Saturno, Urano y Neptuno, los planetas gaseosos. Si lo intentaras, ¡te hundirías hasta el centro!

- Estos planetas, conocidos como los «gigantes gaseosos», no tienen suelo sólido como en la Tierra. Están hechos principalmente de hidrógeno y helio y, aunque tienen un núcleo sólido muy profundo, mejor no te bajes de la nave espacial, ¡no hay suelo firme donde pararse!

¡YO LO INTENTO!

Neptuno

Urano

Saturno

Júpiter

25 ¿CUÁL ES EL PLANETA MÁS FRÍO del sistema solar?

Urano alcanza temperaturas cercanas a los -224 °C. Es un planeta muy alejado del Sol, hecho de gas y con un interior de hielo. Si pudieras ir allí, ¡te congelarías en un segundo!

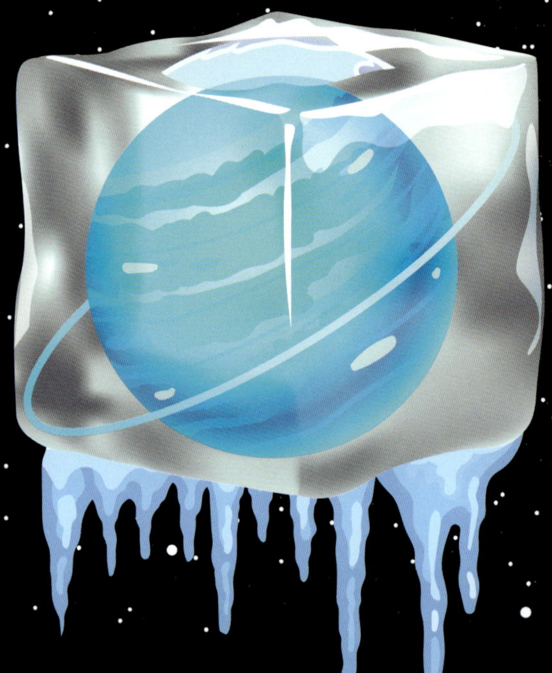

- Puede que te preguntes por qué Urano es más frío que Neptuno, que está todavía más lejos del Sol y tiene una composición parecida. Pues esto se debe a que el primero tiene menos actividad interna y no libera tanto calor desde su centro como Neptuno, y también a la extrema inclinación de su eje, que hace que muchas partes de Urano no reciban nada de luz solar durante largas temporadas. En un duelo de frío, ¡gana Urano!

26 ¿CUÁL ES EL PLANETA con más volcanes?

El 80 % de la superficie de Venus está formado por rocas volcánicas y llanuras de lava. Es el planeta con más volcanes de todo el sistema solar. Hay miles y se ha descubierto que algunos de ellos pueden estar todavía activos. ¡Es un gran parque de montañas volcánicas!

Venus

- Venus es un planeta extremadamente caluroso y su interior parece un gran horno. Se cree que todo ese calor atrapado sale al exterior gracias a su actividad volcánica.
- Sus volcanes tienen formas características en escudo, corona, pequeñas cúpulas o con apariencia de torta. Son de poca altura y mucha extensión, posiblemente a causa de la fuerte presión atmosférica de Venus. ¡Son muy diferentes a los de la Tierra!

Volcán monte Maat

Superficie de Venus

27 ¿DÓNDE ESTÁ LA MONTAÑA MÁS ALTA del sistema solar?

Imagina que pudiéramos poner todas las montañas del sistema solar una al lado de la otra. El Monte Olimpo de Marte ganaría la medalla de oro por ser la más alta de todas, ¡es una montaña hecha para gigantes!

Aquí tienes unos datos curiosos:

- Mide unos 22 km de altura, ¡casi tres veces más alto que el Everest en la Tierra!
- Es un volcán de escudo con un diámetro en su base de 600 km. Esto significa que ¡su superficie abarcaría un país entero de un tamaño similar a Ecuador!
- Su tamaño es tan grande en un planeta tan pequeño, que una persona en la superficie de Marte no sería capaz de ver la silueta completa del volcán, solo vería una gran pared.
- Si se pudiese subir a su cima y se mirase hacia abajo, no se podría ver el final de su base, ya que la pendiente llegaría al horizonte.
- El Monte Olimpo se encuentra en una zona con mucho polvo en suspensión, por lo que es poco probable poder aterrizar allí.
- Es tan grande que ¡solo se puede ver completo desde el espacio!

28 EN LA LUNA EUROPA

hay géiseres de hielo gigantes

JÚPITER

Geológicamente, la superficie de esta luna de Júpiter es muy joven –unos 100 millones de años–, y muestra signos de tectónica y actividad potencial, con volcanes de hielo. Hay un océano de agua líquida salada en contacto con el manto rocoso, un ambiente extraterrestre particularmente propicio para la aparición de vida.

- Europa libera materia en forma de plumas al espacio desde su superficie helada. Según estimaciones, la masa expulsada es de unas 2 toneladas por segundo, ¡y pueden alcanzar los 200 km de altura!

29 LOS AGUJEROS DE GUSANO

son túneles por el espacio-tiempo

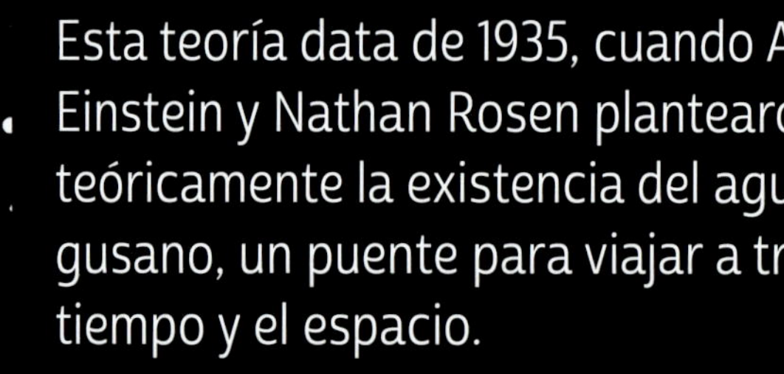

Esta teoría data de 1935, cuando Albert Einstein y Nathan Rosen plantearon teóricamente la existencia del agujero de gusano, un puente para viajar a través del tiempo y el espacio.

- Si alguna vez caes por un agujero de gusano en el espacio, no podrás regresar. Se cerrará de golpe detrás de ti. Pero es posible que tengas tiempo suficiente para enviarnos un mensaje desde el otro lado.

- El agujero tendría un punto de partida y un punto de destino, pero el trayecto es completamente desconocido.

30 LA VIDA EN LA TIERRA

pudo haber venido del espacio exterior

Los primeros seres vivos aparecieron sobre la Tierra hace 3 600 millones de años. Por entonces, caían montones de asteroides sobre el planeta.

TIERRA

hace 3 600 millones de años

¡ALLÁ VAMOS!

- Es posible que en algún asteroide que cayera sobre la Tierra hubiera seres vivos microscópicos, e incluso que vinieran de otro planeta.
- Los extremófilos, unos microorganismos que pueden soportar condiciones extremas en las que otros organismos morirían, podrían sobrevivir en un asteroide sin atmósfera. La teoría de que la vida está presente por todo el Universo y la transportan los asteroides se llama **panspermia.**

Importantes científicos han defendido esta teoría:

Anaxágoras
Filósofo griego, 450 a.C.

Lord Kelvin
Físico, Reino Unido, 1870

Svante Arrhenius
Químico, Suecia, 1900

31 LOS DÍAS MÁS CORTOS Y MÁS LARGOS del sistema solar

En el sistema solar hay planetas que tienen días superlargos y, sin embargo, otros viven días cortísimos. Si te gusta dormir, te encantaría Venus, pero si te apasiona la velocidad, Júpiter será tu destino favorito.

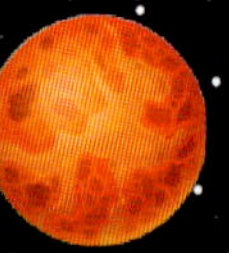

Venus
5 832 h

1 DÍA en el sistema solar

Mercurio
1 408 h

Júpiter
10 h

Saturno
11 h

Neptuno
16 h

Urano
17 h

Tierra
24 h

Marte
25 h

- En Venus sus días son más largos que su año. ¿A que resulta increíble? Aunque este planeta da la vuelta alrededor del Sol en 225 días terrestres, tarda 243 días en girar sobre sí mismo. ¡Los días son interminables!
- Sin embargo, en Júpiter los días pasan volando. En 10 horas tienes que cumplir con todas tus tareas de la jornada. ¡Si te despistas, enseguida se hace otra vez de noche!

32 EL AÑO MÁS LARGO se vive en Neptuno

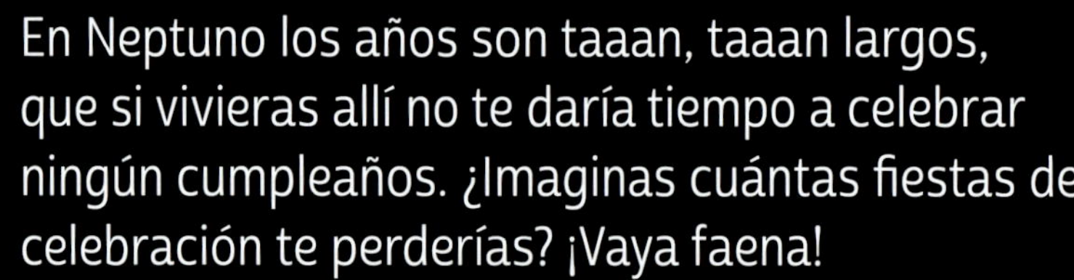

En Neptuno los años son taaan, taaan largos, que si vivieras allí no te daría tiempo a celebrar ningún cumpleaños. ¿Imaginas cuántas fiestas de celebración te perderías? ¡Vaya faena!

- Neptuno es el planeta más alejado del Sol. Está superlejos y por eso tarda 165 años terrestres en dar una vuelta completa en su órbita alrededor del astro. Estar allí sería como vivir una película de tiempo lento. ¡Un año dura más que toda una vida humana!

33 ¿QUÉ ES LA GRAN MANCHA ROJA de Júpiter?

El fenómeno meteorológico más conocido de Júpiter es la Gran Mancha Roja. Es comparable a una gran tormenta y se trata de un remolino situado en el hemisferio sur cuyos vientos pueden alcanzar velocidades cercanas a los 450 km/h.

- Es la tormenta más longeva de Júpiter. Hasta ahora se consideraba que llevaba activa más de 350 años, desde que la registró Giovanni Cassini en 1665, aunque hay publicaciones que sugieren que pudo estar inactiva unos años y que la que vemos actualmente tiene unos 200 años, ¡que ya es tiempo para una tormenta!

- Aunque parece que su tamaño inicial de 39 000 km se ha ido reduciendo, actualmente el planeta Tierra seguiría cabiendo en ella sin ninguna dificultad.

34 LA ATMÓSFERA DE VENUS es pesada y supertóxica

La atmósfera de Venus está compuesta de dióxido de carbono y nubes de ácido sulfúrico. Estos gases son muy pesados y hacen que la atmósfera sea más densa que en la Tierra. La presión es 90 veces mayor que en nuestro planeta. Para que te hagas una idea, es como estar casi un kilómetro bajo el agua del mar. ¡Qué atmósfera más pesada!

Superficie de Venus

- En Venus, el calor del Sol queda atrapado bajo esta atmósfera densa y por eso la temperatura puede llegar a más de 460 °C. ¡Es un auténtico horno!

- Las nubes de ácido sulfúrico son, además, muy tóxicas, con lo que el aire es casi irrespirable. ¡Mejor salir de aquí cuanto antes!

35 EL LADO OCULTO de la Luna

La Luna siempre nos muestra la misma cara a la Tierra, porque emplea el mismo tiempo en girar sobre sí misma que en hacerlo alrededor de nosotros, así que hay una cara que nunca vemos desde aquí. ¿Sabes cuándo se vio por primera vez este lado oculto y qué misterios guardaba?

Luna 3

- El 7 de octubre de 1959, la nave espacial rusa Luna 3 tomó las primeras fotos del lado oculto de la Luna y era... ¡muy diferente!
- La cara que no vemos es más accidentada. Está cubierta de gigantescos cráteres, tiene más montañas y elevaciones y menos mares basálticos. El lado oculto está más arrugado, es más pálido y presenta más impactos, ¡parece una pelota con muchos golpes!

Cara visible

Cara oculta

36 ¿QUÉ PLANETA tiene más LUNAS?

El planeta con más lunas en nuestro sistema solar es Saturno, que actualmente tiene 146 satélites con órbitas confirmadas. Aunque muchos apenas superan el kilómetro de diámetro, el número de lunas no para de crecer. ¡Saturno tiene un gran poder de atracción!

- Titán es su luna principal, la segunda en tamaño del sistema solar y más grande que el planeta Mercurio. ¡Supone casi el 96 por ciento de la masa lunar de Saturno!
- Otras seis lunas constituyen el 3,96 por ciento de su masa. Son Rea, Jápeto, Dione, Tetis, Mimas y Encélado. Esta última es famosa por sus géiseres, que lanzan agua helada al espacio y sugieren la existencia de un océano subterráneo. ¿Habrá vida allí?

Dione

Tetis

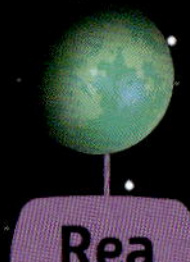

Rea

Encélado

Jápeto

Mimas

Titán

37 ¿HUBO VIDA en Marte?

Aunque todavía no se han encontrado pruebas que demuestren la vida en Marte, los científicos siguen investigando las pistas que sugieren que este planeta pudo haber sido un lugar habitable para algunas formas de vida microbiana en el pasado. Quién sabe, ¡tal vez un día descubramos que hubo pequeños seres viviendo en Marte!

- El planeta pudo haber tenido una biosfera primitiva en su pasado, cuando era más cálido y húmedo. El análisis de las rocas muestra que Marte tuvo ambientes que habrían sido favorables para la vida, con agua en estado líquido y niveles moderados de acidez. Los equipos robotizados en Marte siguen investigando. ¿Qué nuevas pistas nos darán de la historia del planeta?

Indicios científicos sobre la posibilidad de vida en Marte:

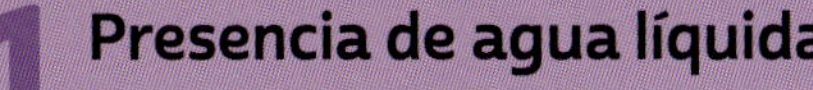

1 Presencia de agua líquida

Los canales y ondulaciones sobre la superficie de Marte son signos claros de que hubo ríos y lagos en el planeta hace miles de millones de años.

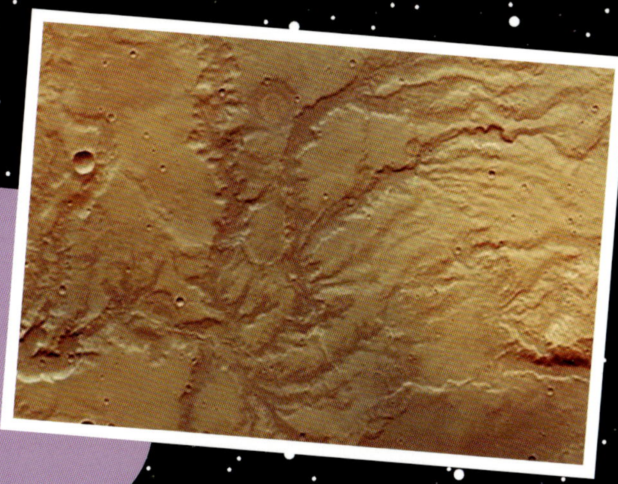

2 Restos de agua subterránea y agua congelada

En la actualidad, el agua se encuentra en forma de hielo en los casquetes polares y se han detectado depósitos de agua a profundidades entre 10 y 20 km dentro de la corteza marciana.

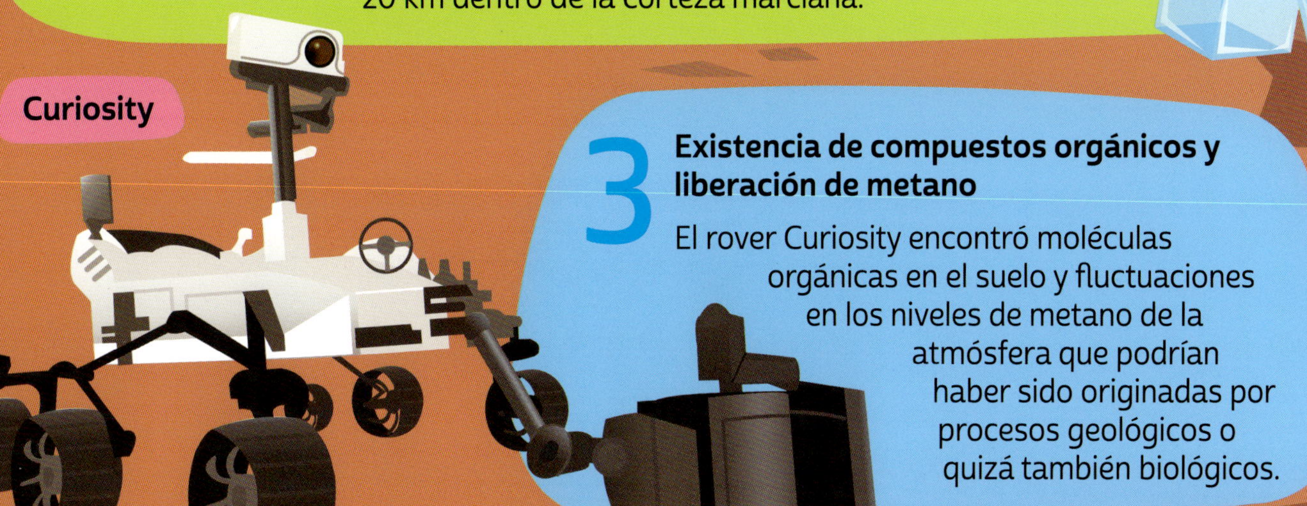

3 Existencia de compuestos orgánicos y liberación de metano

El rover Curiosity encontró moléculas orgánicas en el suelo y fluctuaciones en los niveles de metano de la atmósfera que podrían haber sido originadas por procesos geológicos o quizá también biológicos.

38 LA LUNA NESO es la más alejada de su planeta

Neptuno tiene una luna muy viajera: Neso. Le gusta alejarse de su planeta más que ninguna otra luna del sistema solar. Tiene una órbita muy excéntrica y larga y, en su punto más lejano, llega a estar a una distancia de 74 millones de kilómetros de Neptuno. ¡Parece que quiere escaparse!

74 000 000 km

- Neso es un satélite irregular, pequeñito, de apenas 60 km de diámetro, y se mueve en una órbita elíptica, excéntrica y muy larga. Tarda nada menos que 26 años terrestres en dar una vuelta alrededor de Neptuno. Se cree que no se formó junto con el planeta, sino que fue capturado por su gravedad. ¿Será por eso Neso una luna tan rebelde?

39 EN LA LUNA ÍO hay 400 volcanes activos

Ío es la luna más cercana a Júpiter y la más volcánica del sistema solar. Su superficie está cubierta de lava por todas partes, y no es de extrañar, pues tiene más de 400 volcanes activos. ¡Es como un espectáculo de fuegos artificiales en el espacio!

- Algunos volcanes lanzan lava a más de 300 km de altura. Es como si esta volara tan alto como 35 montes Everest puestos uno encima de otro. ¿Te lo puedes imaginar?

- La superficie de Ío tiene colores amarillos, rojos, blancos y negros brillantes debido a los gases y minerales que los volcanes lanzan al espacio, como el azufre. Es una luna multicolor.

40 LA LUNA más grande es GANIMEDES

Las cuatro lunas más grandes de Júpiter

Ganimedes	Calisto	Ío	Europa
Ø 5268 km	Ø 4820 km	Ø 3642 km	Ø 3120 km

Ganimedes es una de las 95 lunas de Júpiter, y la más grande del sistema solar. Supera en tamaño al planeta Mercurio y es solo un poco más pequeña que Marte. Es la única luna que tiene un campo magnético debido a su núcleo de hierro fundido. ¡Es como si tuviera un escudo protector!

Este satélite increíble presenta dos tipos de superficie: una oscura y llena de cráteres, de origen más antiguo, y otra más brillante y rayada. Tiene montañas y valles de hielo, y los científicos creen que debajo de esta capa existe un océano de agua más grande que todos los océanos de la Tierra juntos. ¿Te imaginas la de secretos que puede albergar?

41 DÁCTILO, la luna de un asteroide

A diferencia de otras lunas que orbitan alrededor de planetas, Dáctilo gira alrededor de un asteroide llamado Ida. Es superpequeña, pues solo mide 1,6 km de ancho. ¡Podrías caminar de un extremo a otro en solo unos minutos!

En 1993, la sonda Galileo tomó una foto de Dáctilo orbitando en la zona del cinturón de asteroides, entre Marte y Júpiter, y fue una gran sorpresa. ¡Era la primera luna descubierta girando alrededor de un asteroide! Tiene una forma irregular y un gran número de cráteres en su superficie. Comparada con nuestra luna, es como una pelotita diminuta.

42 ¿CUÁL fue EL PRIMER EXOPLANETA descubierto?

En 1995, los astrónomos Michel Mayor y Didier Queloz fueron los primeros en descubrir un exoplaneta, 51 Pegasi b, que giraba alrededor de una estrella similar al Sol. Quedaba por fin confirmado: ¡existen otros mundos!

- Desde 2015 su nombre es Dimidio, porque su masa es aproximadamente la mitad de la de Júpiter, aunque su primer nombre, 51 Pegasi b, ha quedado grabado en la historia de la astrofísica.

51 Pegasi b

Comparaciones

51 Pegasi b

Júpiter

Nuestro Sol

- Este exoplaneta es del tipo llamado Júpiter caliente, porque es gigante como el del sistema solar pero orbita muy cerca de su estrella y puede llegar a alcanzar temperaturas superiores a los 1 000 °C. Tarda solo cuatro días en dar la vuelta a su estrella principal. ¡Qué años más cortos!

Siglos de búsqueda

▲ **Epicuro**
En el año 300 a.C., el filósofo Epicuro sugería que podían existir muchos mundos, algunos similares al nuestro y otros muy diferentes. Era una visión muy adelantada a su tiempo.

▲ **Giordano Bruno**
En 1584, Giordano Bruno sostuvo que existían innumerables soles e infinitas Tierras que giraban en torno a dichos soles. Fue condenado por herejía.

▲ **Michel Mayor y Didier Queloz**
En 1995 se demuestra por fin la existencia de exoplanetas que giran alrededor de otros soles. Mayor y Queloz obtuvieron por este descubrimiento el Premio Nobel de Física en 2019.

43 ¿CUÁL es EL EXOPLANETA MÁS CERCANO a la Tierra?

En agosto de 2016 se descubrió el exoplaneta Próxima Centauri b, que orbita la estrella más cercana a nuestro sistema solar, una enana roja más fría y pequeña que el Sol. Se encuentra en la zona habitable de su estrella. ¿Habrá vida allí?

Próxima Centauri b tiene una masa muy similar a la de la Tierra, y la temperatura de su superficie podría permitir la existencia de agua líquida. Tiene un hemisferio mirando siempre hacia su estrella, lo que hace que un lado esté permanentemente iluminado y otro en eterna oscuridad. ¡Lo que queda por investigar!

44 KELT-9B, EL EXOPLANETA más caliente

La temperatura en Kelt-9b puede alcanzar los 4 300 °C, lo que lo hace más caliente que muchas estrellas. Orbita alrededor de KELT-9, una estrella azul que emite muchísima radiación ultravioleta y con una temperatura que dobla la del Sol. ¡Mejor no estar cerca!

Este exoplaneta es un gigante gaseoso, casi tres veces más masivo que Júpiter pero la mitad de denso que él. Pierde continuamente parte de su atmósfera pues los gases se escapan al espacio debido al calor extremo de su estrella. En solo un día y medio da una vuelta completa en torno a ella. ¡Es un planeta con un calor infernal!

45 TRES SOLES para un solo planeta

El exoplaneta gigante HD 131399Ab, situado a 340 años luz de la Tierra, tiene tres soles visibles en su firmamento. Orbita alrededor de una de sus estrellas mientras que las otras dos giran una en torno a la otra y también alrededor de la más grande. ¡Qué formación tan dinámica!

- Durante la mitad del tiempo de su órbita, que es de 550 años, tres estrellas son visibles en el cielo. Podrías ver hasta tres amaneceres o atardeceres en el cielo. Además, durante 140 años terrestres -una cuarta parte de su trayectoria-, es siempre de día. ¿No te parece increíble? La idea de un planeta con tres soles suena a película de ciencia ficción, pero existe en la realidad. ¡Los sistemas solares pueden ser muy diferentes al nuestro!

46 LOS PLANETAS GIGANTES del espacio

Los superjúpiter son exoplanetas gigantes. Su tamaño supera con creces el de Júpiter, el mayor planeta de nuestro sistema solar. Tienen una masa entre 10 y 30 veces mayor que él. ¡Son enormes!

- En 2016 los astrónomos lograron obtener una imagen directa de HR 2562b, uno de los exoplanetas más grandes. Su masa es aproximadamente 30 veces la de Júpiter. Orbita alrededor de su estrella en un disco de escombros, restos de material que posiblemente quedaron de la formación de su sistema estelar.

- Con un tamaño parecido se encuentra DENIS-P J082303.1-491201 b, un exoplaneta gigante gaseoso casi 29 veces mayor que Júpiter. ¡Es tan grande como su nombre!

47 LOS PLANETAS ERRANTES

vagan sin rumbo

¡QUÉ SOLO ESTOY!

Conocidos también como planetas interestelares o planetas huérfanos, viajan solos por el espacio sin estar vinculados a ningún sistema estelar. Son libres, pero se desplazan sumidos en una oscuridad total. ¡No reciben la luz ni el calor de una estrella!

- Son muy difíciles de detectar porque no reflejan ninguna luz, aunque se cree que podría haber más planetas errantes que estrellas en nuestra galaxia. Los hay de tamaños muy diversos.

- Aunque parecen lugares inhóspitos, algunos científicos creen que podrían tener calor interno debido a su formación o incluso océanos subterráneos bajo las capas de hielo, lo que teóricamente permitiría algún tipo de vida. ¡Falta mucho por conocer de estos cuerpos celestes solitarios!

Cómo se forman los planetas errantes

Existen cuatro teorías:

1 **Encuentro planetario.** Cuando un planeta masivo, como un superjúpiter, se acerca a un planeta mucho más pequeño, este puede ser expulsado de su órbita.

2 **Formación similar a una estrella.** Los planetas pueden formarse independientemente, solos, a partir de gas y polvo en los mismos viveros estelares donde nacen las estrellas.

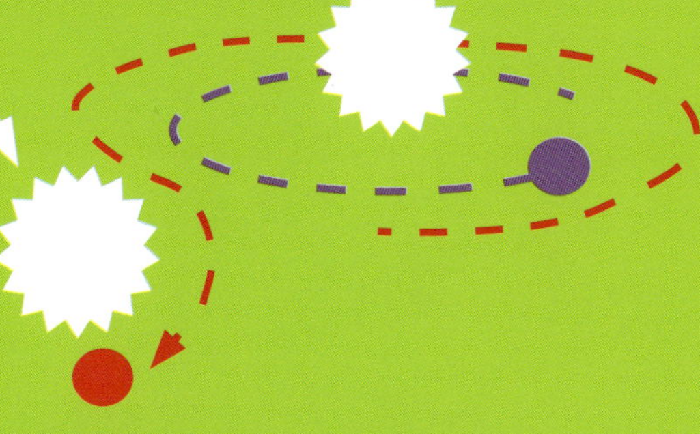

3 **Encuentro con otra estrella.** Cuando dos estrellas se acercan, pueden desestabilizar los planetas de la otra; esto sucede en cúmulos densos donde se forman estrellas.

4 **Explosión de una supernova.** La intensa explosión que se produce con la muerte de una estrella gigante dispersa gran parte de la masa y la gravedad de la estrella. Los planetas en órbita podrían liberarse para vagar por el cosmos.

EL EXOPLANETA AZUL que es un infierno

El exoplaneta HD 189733b tiene un impresionante color azul cobalto que destaca en medio de un mar de oscuridad pero, a pesar de su atractiva apariencia, esconde unas condiciones atmosféricas infernales. Alcanza temperaturas cercanas a los 1 000 °C y tiene vientos de hasta 8 700 km/h. Diminutos trozos de vidrio se condensan en la atmósfera y llueven lateralmente a velocidades increíbles. ¡Las lluvias son mortales!

Se trata de un gigante gaseoso del tamaño de Júpiter que está a solo 64 años luz de la Tierra y orbita muy cerca de su estrella. Su atmósfera tiene trazas de sulfuro de hidrógeno, lo que le da un olor parecido a los huevos podridos. ¡Es el planeta de los horrores!

49 LLUVIAS DE HIERRO en WASP-76B

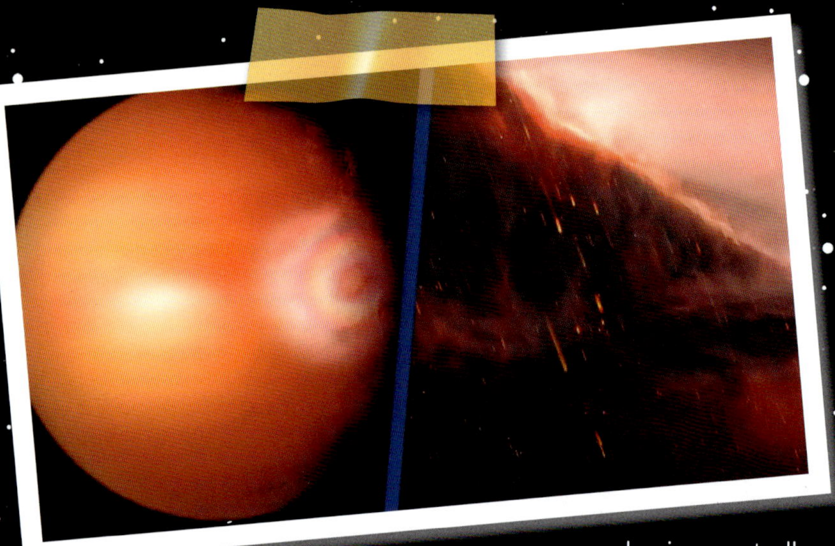

Algunos exoplanetas, que están situados muy cerca de sus estrellas, reciben una radiación intensa que hace que tengan un clima increíblemente extremo. En WASP-76b hay lluvias de hierro. ¡Allí no hay paraguas que valga!

WASP-76b es un planeta tipo Júpiter caliente. El lado diurno mira siempre hacia su estrella, y la temperatura alcanza los 2 400 °C. Esto hace que el hierro se evapore en la atmósfera, a la vez que los fuertes vientos transportan este vapor metálico al lado más frío y nocturno, donde se condensan y caen en forma de lluvia de hierro líquido. ¡Imagínate ese paisaje nocturno!

50 EL EXOPLANETA casi GEMELO de la Tierra

Se han descubierto varios exoplanetas que tienen algunas características similares a la Tierra. El más conocido es Kepler-452b, que orbita una estrella similar al Sol y a una distancia de esta adecuada para que la temperatura pudiera permitir la existencia de agua en estado líquido. A menudo se habla de él como el «primo mayor» de la Tierra, aunque su tamaño es 1,6 veces mayor. Es su versión «robusta».

- Está a 1 400 años luz de nuestro planeta y es más antiguo que él. Su estrella es también un poco mayor que el Sol. ¿Nos ayudará a descubrir cómo evolucionan los planetas con el tiempo?
- Un año en Kepler-452b dura 385 días, solo 20 más que en la Tierra, y su gravedad es más fuerte debido a su mayor tamaño. ¡Allí te costaría más esfuerzo moverte y te sentirías como si pesaras más!

Tierra

Los dos planetas **orbitan** alrededor de una estrella

365 DÍAS en un año

Kepler-452b

El sol de Kepler-452b es un **10 %** más grande que el nuestro

Kepler-452b tiene **1,6 veces** el tamaño de la Tierra

Tiene unos **1 500 millones de años** más que la Tierra

385 DÍAS en un año

51 EL COMETA HALLEY, el más famoso

Órbita del cometa Halley

Es un viajero muy antiguo que no ha parado de volar desde hace miles y miles de años. Solo se deja ver desde la Tierra aproximadamente cada 76 años. La última vez que nos visitó fue en 1986, ¡hace mucho tiempo! Volverá a aparecer en el año 2061, así que lo verás cuando seas mayor.

- Viaja por el espacio a una velocidad enorme de casi 200 000 km/h. Cuando pasa cerca del Sol su hielo se derrite un poquito, y el polvo y los gases que salen forman una impresionante cola que ilumina el cielo. ¡Puede ser más larga que un planeta entero!
- Los antiguos griegos y romanos ya hablaban de este cometa, cuya órbita calculó el astrónomo Halley en 1705. Su aparición es un fenómeno que conecta a varias generaciones.

52 LA COLA DEL COMETA HYAKUTAKE, longitud de récord

Hyakutake pasó cerca de nuestro planeta en 1996, y sorprendió a los científicos porque su cola era increíblemente larga. Llegó a medir 570 millones de kilómetros, ¡unas cuatro veces más larga que la distancia entre la Tierra y el Sol!

- Este cometa ha sido uno de los que más se ha aproximado a la Tierra en los últimos 200 años. Fue descubierto por un astrónomo aficionado, el japonés Yuji Hyakutake.
- Según se fue acercando a nuestro planeta aumentó su brillo y la longitud de su cola se incrementó. El 24 de marzo de 1996 fue uno de los objetos más brillantes del cielo.

53 EL CRÁTER MÁS GRANDE
que ha dejado un meteorito en la Tierra

Hace unos 2 000 millones de años, mucho antes de que existieran los dinosaurios, un meteorito gigantesco impactó sobre la Tierra y originó el mayor cráter conocido, el de Vredefort, situado en la Sudáfrica actual. ¡Más de 300 km de diámetro!

- Se calcula que el meteorito gigante que causó el cráter de Vredefort tenía entre 10 y 15 km de ancho. Eso es más que la altura del Everest o la longitud de la isla de Manhattan de norte a sur. ¿Te imaginas a ese meteorito impactando en la Tierra?
- El cráter que se formó supera los 300 km de diámetro, más grande que cualquier metrópoli. Puedes buscar en un mapa qué ciudad cercana se encuentra a 300 km de donde estás. ¡Toda esa distancia es la medida de su diámetro!
- El cráter es todavía visible, aunque está ya muy erosionado. Se mantiene como un recuerdo de lo que puede hacer un meteorito gigante. Impresiona, ¿verdad?

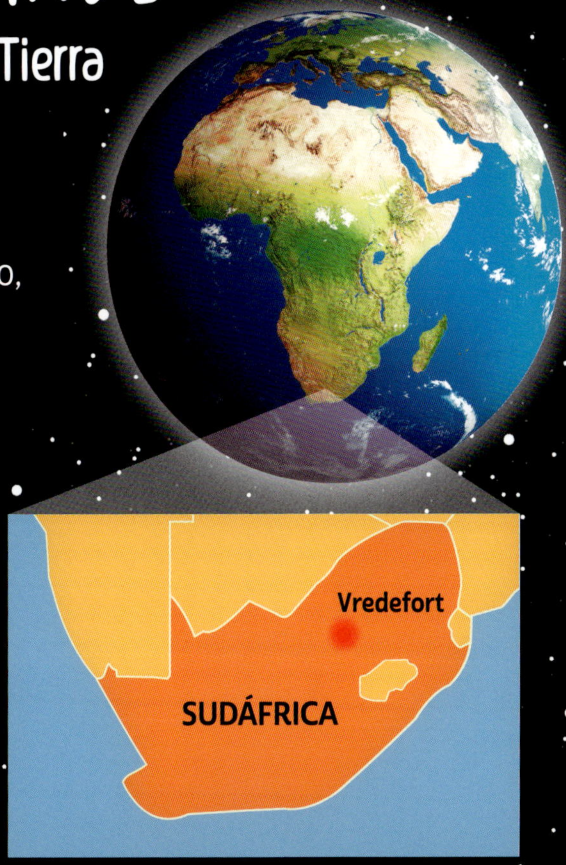

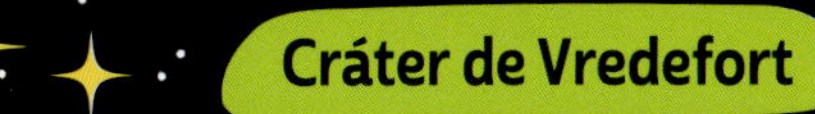

54 VESTA, EL ASTEROIDE MÁS GRANDE del sistema solar

Situado en el cinturón de asteroides, Vesta es el más grande de este grupo con un diámetro de unos 525 km, la sexta parte de la Luna, aunque con un tamaño mayor al de países como Ecuador o España.

- Se formó hace más de 4 500 millones de años, casi al mismo tiempo que los planetas, y es uno de los asteroides más brillantes que podemos ver desde la Tierra, a veces a simple vista.
- Pedacitos del asteroide han llegado a la Tierra en forma de meteoritos, así que tenemos en nuestro planeta algunas muestras de Vesta.
- A diferencia de otros asteroides, tiene capas internas como la Tierra, con un núcleo de hierro, manto y corteza. Puede que en un futuro sea considerado también un planeta enano, como ya ha ocurrido con Ceres, que hasta principios de este siglo era conocido como el asteroide más grande.
- En Vesta se encuentra Rheasilvia, un cráter gigantesco de 460 km de diámetro, el mayor del sistema solar y casi tan ancho como el asteroide. Tiene una montaña central que mide unos 23 km de altura. Casi tres veces el Everest.

55 ¿SE PUEDE DESVIAR UN ASTEROIDE para proteger la Tierra?

Constantemente se descubren nuevos asteroides cercanos a la Tierra. Los más grandes son objeto de observación permanente para detectar si existe la posibilidad de que impacten en nuestro planeta y causen un desastre global. ¡Acuérdate que provocaron la extinción de los dinosaurios!

Misión DART

- En septiembre de 2022, la misión DART impactó deliberadamente contra Dimorphos, un pequeño asteroide. Logró cambiar su órbita y demostró que tenemos la capacidad de evitar posibles desastres. ¡Hay que estar atentos!

56 EL ASTEROIDE MÁS VALIOSO

está hecho de metales

Psyche 16 se encuentra en el cinturón de asteroides y fue descubierto en 1852. Tiene unos 210 km de diámetro y está compuesto principalmente de hierro y níquel. Puede que incluso contenga platino y oro. Todos ellos son metales de gran valor, por lo que es conocido popularmente como el «asteroide dorado».

- Esta composición singular abre la posibilidad de que se trate del núcleo de un protoplaneta. Si fuera así, podría aportar información de cómo es el interior de la Tierra.
- En octubre de 2023, la sonda espacial Psyche fue lanzada al espacio para investigar este asteroide. Se calcula que entrará en su órbita en 2029. ¿Qué misterios desvelará?

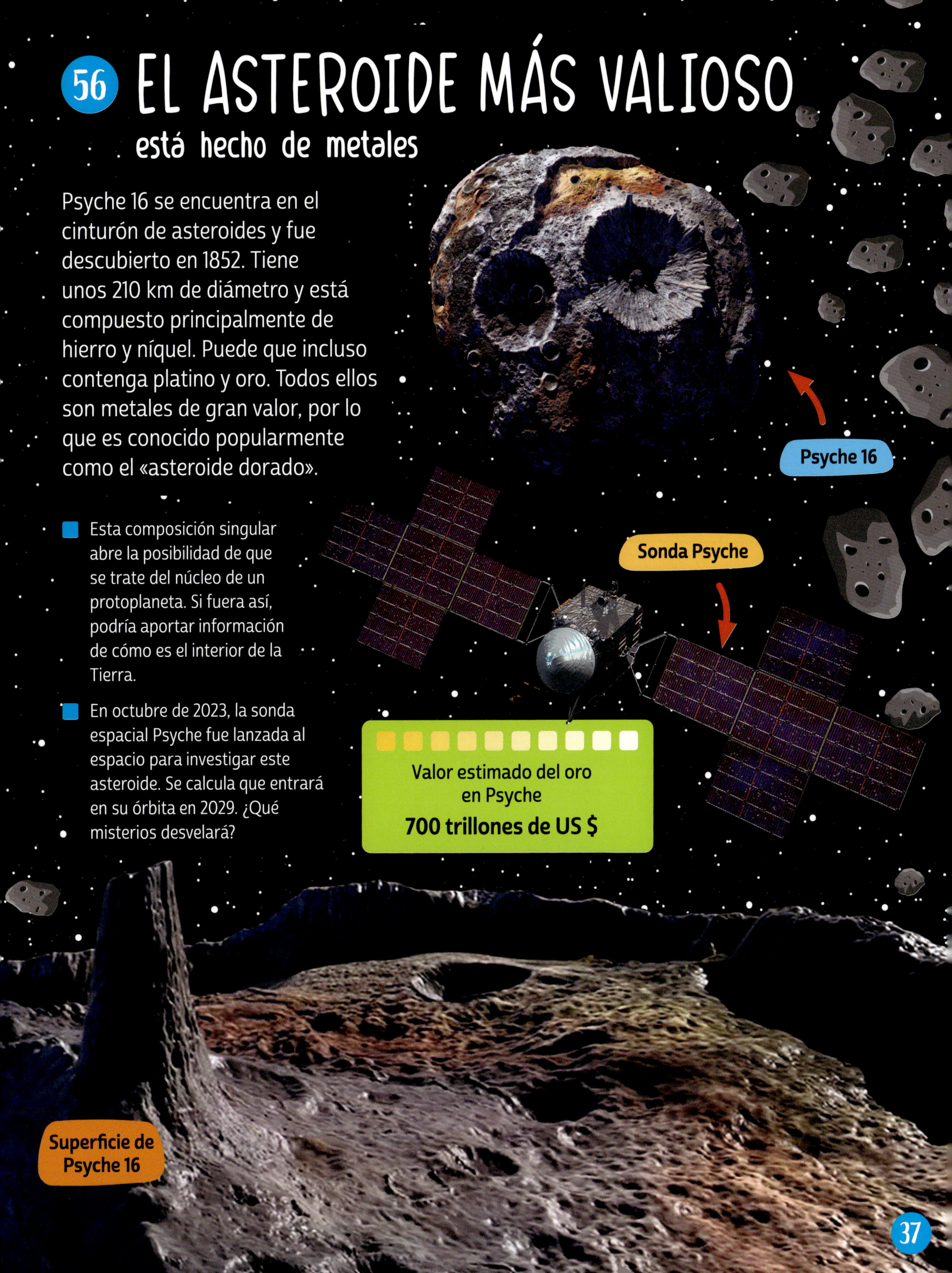

57 EL PRIMER TELESCOPIO ESPACIAL fue el Hubble

Se llamó así en honor al astrónomo Edwin Hubble, quien descubrió que el universo se está expandiendo. El telescopio mide lo mismo que un autobús escolar, unos 13 m de largo, y pesa como dos elefantes, unas 11 toneladas. Lleva más de 30 años en el espacio trabajando día y noche sin descanso y da vueltas alrededor de la Tierra a toda velocidad. ¡Solo necesita unos 95 minutos!

El Hubble ha sacado más de un millón y medio de fotos de estrellas, planetas, galaxias e increíbles nebulosas. Aunque está en el espacio, a 593 km de distancia, varias veces los astronautas han tenido que ir en cohetes para repararlo. ¡La de maravillas que nos ha descubierto este telescopio!

58 EL TELESCOPIO MÁS PODEROSO Y LEJANO es el James Webb

En 2021 se lanzó al espacio este gigantesco telescopio para situarlo a una distancia de 1,5 millones de kilómetros de la Tierra, en un punto llamado Lagrange 2 que le permite mantenerse estable y lejos de la luz solar directa. Este gran observatorio espacial es tan poderoso que puede ver cómo eran las primeras estrellas y galaxias del universo.

Tiene un espejo gigante de 6,5 m de diámetro y está cubierto de un gran escudo solar del tamaño de una cancha de tenis que lo mantiene superfrío, a -233 °C. Trabaja con luz infrarroja y puede ver a través de nubes de gases y polvo y analizar atmósferas de planetas para detectar condiciones de vida.

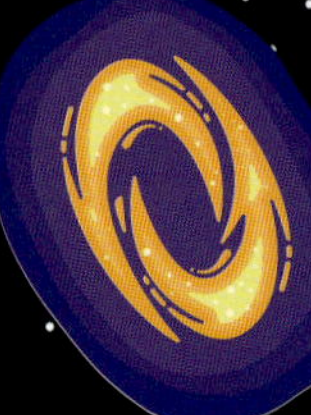

59 EL EVENT HORIZON TELESCOPE (EHT) tomó la primera foto de un agujero negro

El EHT es una red de telescopios situados en diferentes partes del mundo como Chile, Hawái, España y la Antártida. Juntos forman un telescopio tan grande como la Tierra y tuvieron que coordinarse perfectamente para obtener esta primera imagen de un agujero negro. ¡Un gran logro en la historia de la ciencia!

- La foto muestra un círculo oscuro rodeado por un anillo brillante de luz que se dobla alrededor de él debido a la extrema gravedad del agujero. Está situado a 55 millones de años luz, en la galaxia M87. ¡Es una imagen de un pasado muy lejano!

60 EL TELESCOPIO MÁS GRANDE del mundo

Se llama Extremely Large Telescope (ELT) y se está construyendo en el cerro Armazones, en Chile. Este proyecto colaborativo internacional es una maravilla tecnológica que permitirá ver imágenes supernítidas del cosmos lejano y desconocido. Ayudará a estudiar exoplanetas en busca de señales de vida y a desvelar misterios sobre la materia y energía oscura. ¡Será el gran ojo del universo!

- Tiene un espejo primario de 39 m de diámetro compuesto por 798 segmentos individuales que se ajustarán automáticamente para corregir posibles distorsiones. En el 2028 será el telescopio más grande del mundo. ¡Abrirá una nueva ventana con vistas al universo!

61 ¿CUÁL FUE EL PRIMER satélite artificial?

El 4 de octubre de 1957, la Unión Soviética lanzó al espacio el primer objeto hecho por el ser humano, el Sputnik 1, que estuvo en órbita tres meses, hasta que su órbita decayó y se quemó al entrar en la atmósfera. ¡Había comenzado la carrera espacial!

El 4 de octubre de 1957, la Unión Soviética lanzó al espacio el primer objeto hecho por el ser humano, el Sputnik 1. Su objetivo era orbitar la Tierra y transmitir simples señales de radio que se oían como «bip bip» y que cualquier persona, con un receptor de radio adecuado, podía escuchar desde la Tierra.

El Sputnik 1 era una esfera de metal muy sencilla, de unos 58 cm de diámetro, un poco más grande que una pelota de playa. Su peso rondaba los 84 kg y llevaba cuatro largas filas de antenas que ¡parecían bigotes!

Orbitaba la Tierra a una altitud entre los 214 y los 938 km y daba una vuelta cada 96 minutos.

Recorrió aproximadamente 70 millones de km y completó 1 440 órbitas alrededor de la Tierra. Cuando se acabaron sus baterías, reingresó en la atmósfera terrestre y se quemó.

62 ¿QUIÉN FUE EL PRIMER HUMANO en viajar al espacio?

Yuri Gagarin

El 12 de abril de 1961, Yuri Gagarin se convirtió en la primera persona en viajar al espacio. Voló en una nave llamada Vostok 1 y dio una vuelta completa alrededor de la Tierra. Fueron solo 108 minutos que hicieron historia. ¡Vamos allá!

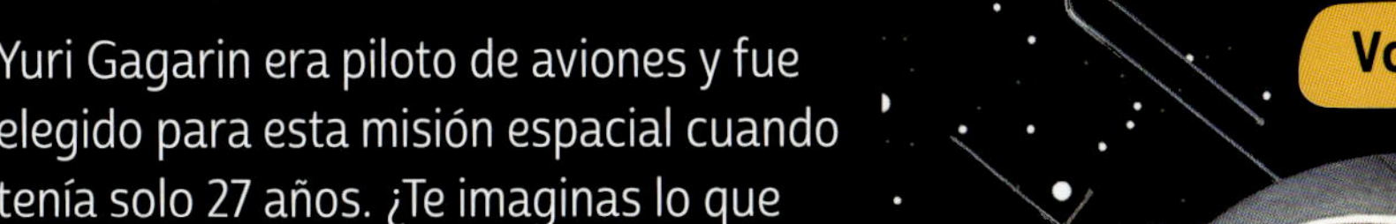

- Yuri Gagarin era piloto de aviones y fue elegido para esta misión espacial cuando tenía solo 27 años. ¿Te imaginas lo que sintió al ser el primer humano en ver nuestro planeta desde el espacio?

Vostok 1

- Su regreso a la Tierra fue un poco accidentado. Tendría que haber aterrizado dentro de su nave, pero acabó expulsado de ella a unos 7 000 m del suelo y saltó con un paracaídas. ¡El héroe espacial logró volver sano y salvo!

63 EL PRIMER PASEO ESPACIAL fue en 1965

El 18 de marzo de 1965, durante la misión Voskhod 2, el astronauta ruso Alexei Leonov utilizó un traje espacial presurizado para salir de su nave. Flotó en el espacio durante 12 minutos y pudo ver la Tierra desde fuera de su vehículo galáctico. ¡Qué espectáculo!

- Alexei Leonov permaneció conectado a su nave por un cable de 5 m para no perderse ni morir en el espacio. Era una especie de cordón umbilical. Al final de su paseo tuvo un problema añadido: su traje se había inflado más de lo esperado y no podía entrar en la cápsula espacial. Tuvo que liberar aire del traje y tomar una decisión arriesgada para sobrevivir. ¡Fue una misión muy peligrosa!

64 ¿CUÁL ES LA SONDA ESPACIAL más antigua en funcionamiento?

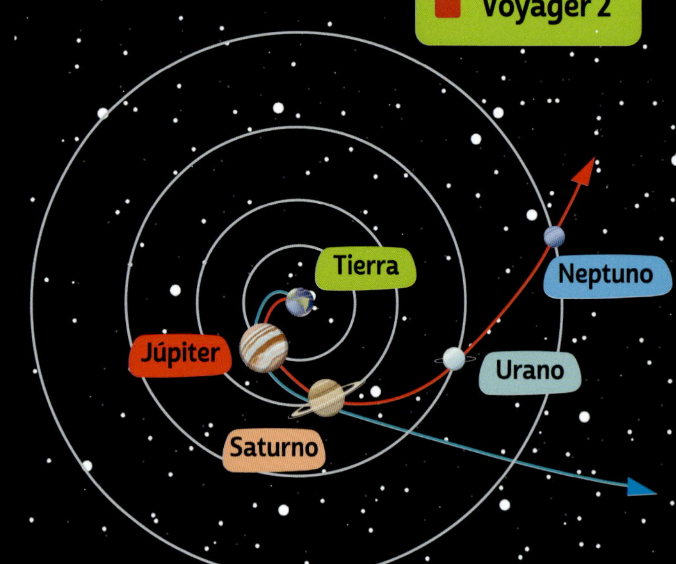

Las sondas gemelas Voyager forman parte de la misión de operación más larga de la NASA y son la únicas naves que han explorado el espacio interestelar. Voyager 2 despegó el 20 de agosto de 1977, unas dos semanas antes que Voyager 1, lo que la convierte en la sonda espacial más antigua en activo. ¡Casi 50 años de investigación!

- Voyager 2, además de estudiar Júpiter y Saturno, es famosa por ser la única nave que ha explorado Urano y Neptuno en detalle.
- Aunque las Voyager disponen de una memoria tres millones de veces inferior a la de los teléfonos actuales y transmiten datos unas 38 000 veces más lento que una conexión 5G, son las que han llegado más lejos en su exploración interestelar.

65 ¿QUÉ SATÉLITE FOTOGRAFIÓ la Tierra por primera vez?

En agosto de 1959, el Explorer 6 capturó la primera imagen parcial de nuestro planeta desde un satélite a una altura próxima a los 27 000 km. Aunque la imagen era de baja resolución y en blanco y negro, ¡marcó un hito en la historia de la exploración espacial!

- La misión del Explorer 6 era estudiar los campos eléctrico y magnético de la Tierra, pero también llevaba un dispositivo para fotografiar la capa de nubes. Una semana después de su lanzamiento, captó la imagen que mostraba una parte del océano Pacífico y las nubes sobre la Tierra. Su valor e impacto fueron incalculables para el mundo científico.

66 ¿CÓMO ERA EL PRIMER TRAJE espacial?

El primer traje espacial fue el del astronauta Yuri Gagarin. Conocido como SK-1, estaba diseñado para protegerlo en caso de una despresurización de la cápsula y durante su reentrada a la atmósfera terrestre. ¡Era como un traje inflable que le hacía parecer un astronauta robot!

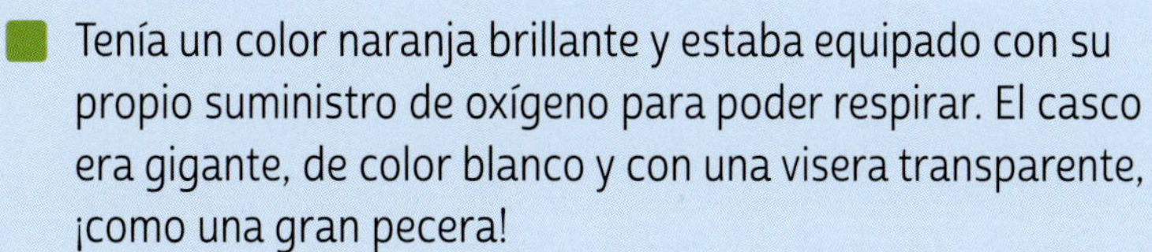

- Tenía un color naranja brillante y estaba equipado con su propio suministro de oxígeno para poder respirar. El casco era gigante, de color blanco y con una visera transparente, ¡como una gran pecera!
- Este primer traje no estaba diseñado para paseos espaciales, aunque disponía de guantes y botas para el aislamiento térmico y un paracaídas por si algo fallaba. ¡Menos mal!

67 ¿CUÁL ES EL TRAJE ESPACIAL más famoso?

Seguramente lo has visto en muchas películas y libros. Es el modelo A7L que usaron los astronautas de las misiones Apolo para caminar en la Luna. Cada uno tenía tres trajes a medida: uno para el entrenamiento, otro para el vuelo y un tercero de reserva.

- Pesaba unos 22 kg y llevaba una mochila de soporte vital de 26 kg con oxígeno y capacidad para enfriar y calentar el traje. El casco tenía una visera dorada para protegerse del sol brillante y el polvo lunar. Unas botas aislantes del frío y unos guantes flexibles completaban el equipo. ¡El traje A7L es el modelo más conocido de un explorador lunar!

68 LOS PRIMEROS PASOS en la Luna

El 20 de julio de 1969, dos astronautas de la misión Apolo 11 pusieron sus pies en la Luna. El primero en bajar del módulo lunar fue Neil Amstrong, que pronunció su famosa frase: «Es un pequeño paso para el hombre, pero un gran salto para la humanidad». Lo acompañaba Edwin Aldrin.

Neil Armstrong

- Amstrong y Aldrin fueron los primeros humanos en caminar sobre la superficie de la Luna. Estuvieron unas dos horas en las que hicieron fotos, tomaron muestras de rocas lunares, organizaron un par de experimentos y pusieron una bandera. ¡Sus huellas forman parte de la historia y han quedado en la Luna!

69 LAS HUELLAS DE LOS ASTRONAUTAS siguen en la superficie lunar

En la superficie lunar hay miles de huellas que han dejado los astronautas de las diferentes misiones Apolo. Estas pisadas, junto con las marcas de los vehículos y equipos que estuvieron allí ¡podrían permanecer visibles millones de años!

- En la Luna no hay viento ni agua. No tiene atmósfera como la Tierra por lo que no hay nada como la lluvia, las corrientes de aire o la erosión que pueda borrar o alterar fácilmente las huellas. Los próximos visitantes podrán comprobarlo ¡y añadir sus pisadas!

70 ¿CUÁNTOS RESIDUOS han quedado en la Luna?

Según informes de la NASA, los seres humanos han dejado en la Luna unos 227 000 kg de restos. La mayor parte de los objetos proceden de las expediciones que llevaron a los humanos a aterrizar en la Luna entre 1969 y 1972. Entre otras cosas, hay...

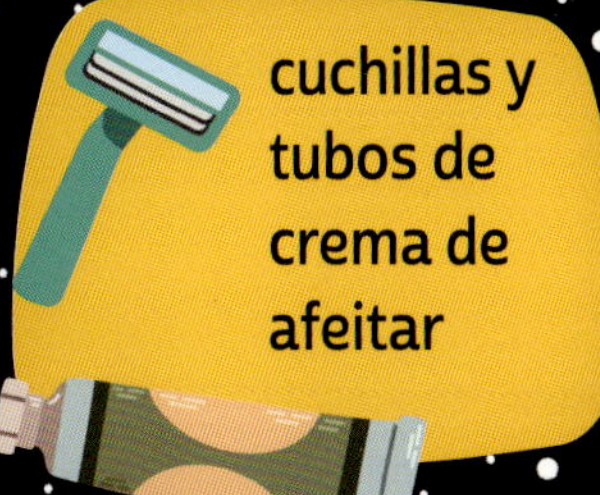

cuchillas y tubos de crema de afeitar

2 guantes

12 pares de botas

100 billetes de dos dólares

más de 70 sondas o naves abandonadas

unas 100 bolsas de vómito y otros residuos humanos

1 monumento al astronauta caído

varios robots

3 vehículos lunares

2 pelotas de golf

3 cascos

6 banderas de EE.UU.

1 foto familiar

cepillos y pasta de dientes

Y también...
dos pares de pantalones, una pluma de halcón, varios cables eléctricos, toallas, envases de comida...

71 ¿CUÁL ES EL OBJETO ARTIFICIAL más caro de la historia?

Se trata de la Estación Espacial Internacional (EEI), en cuya construcción se han invertido ni más ni menos que... ¡100 000 millones de dólares!

- Con una envergadura de 109 m, ¡es más grande que un campo de futbol! En su interior hay un gimnasio, seis dormitorios, un mirador con vista panorámica y casi 13 km de cables eléctricos para alimentar todas sus computadoras y laboratorios.

- También alberga a una tripulación de al menos siete astronautas que vuelan a 8 km/s, ¡lo que significa que cada día recorren una distancia equivalente a la de ida y vuelta a la Luna!

72 LA PRIMERA MUJER ASTRONAUTA fue Valentina Tereshkova

A bordo del Vostok 6, el 16 de junio de 1973 completó 48 órbitas alrededor de la Tierra en sus tres días de misión en el espacio.

- Fue elegida entre 400 aspirantes para una misión secreta: viajar al espacio exterior. Después de dos años de entrenamiento, ella sola pilotó la nave Vostok 6.

- Pasó más de 70 horas sobrevolando la Tierra recogiendo muestras de las partículas espaciales para que luego los científicos pudieran analizarlas y descubrir de qué está hecho el universo.

73 ¿CUÁL FUE EL PRIMER ROBOT en pisar Marte?

Rover Sojourner

El primer vehículo en rodar en Marte fue el Sojourner, que aterrizó allí el 4 de julio de 1997. Aunque era pequeño como un microondas, este carrito podía moverse, esquivar obstáculos y enviar información a la Tierra. ¡Fue el pionero de los rovers en explorar el planeta rojo!

- Se movía lentamente, a un centímetro por segundo, lo que era perfecto para estudiar el terreno con detalle. Analizó rocas y polvo marciano y aportó nuevos datos sobre la composición de Marte.
- Estaba diseñado para funcionar siete días, pero se mantuvo activo hasta la última conexión, que se produjo unos 85 días después del aterrizaje. ¡Tenía mucho por explorar!

74 EL OPPORTUNITY, un rover de récord

MI BATERÍA ESTÁ BAJA Y HAY POCA LUZ...

Opportunity fue el segundo rover en aterrizar en Marte y estuvo activo desde 2004 hasta 2018. Logró sobrevivir a varias tormentas de arena y viajó más de 45 km, ¡el récord de distancia recorrida en otro planeta!

- Fue un auténtico laboratorio sobre ruedas que encontró la evidencia de que en Marte hubo agua líquida. Tuvo una duración inesperada, pues estaba diseñado para 90 días y se mantuvo activo más de 14 años.
- Funcionaba con paneles solares y una tormenta gigantesca de arena en 2018 los cubrió y puso fin a su misión, ¡una de las más exitosas y longevas de la exploración espacial!

75 EL SATÉLITE VANGUARD 1, récord de tiempo en órbita

Fue el primer satélite científico estadounidense lanzado con éxito. Estaba diseñado para estudiar la forma de la Tierra y medir la densidad de la atmósfera superior. Ya no está operativo, pero sigue en órbita desde 1958. ¡Es el satélite con más años en el espacio!

Vanguard 1

Vanguard 1 solo tiene 15 cm de diámetro, pero fue un pionero en la exploración espacial y en experimentar con la tecnología de satélites. Ayudó a sentar las bases para futuras misiones. ¡Ha presenciado todos los lanzamientos posteriores!

76 PIONEER 10, la primera nave en cruzar el cinturón de asteroides

Pioneer 10

Lanzada por la NASA en 1972, fue la primera nave en atravesar el cinturón de asteroides y acercarse a Júpiter en 1973. Envió imágenes detalladas del gigante gaseoso, de su Gran Mancha Roja y sus lunas. ¡Una pionera en la aventura espacial!

En 1983 atravesó la órbita de Neptuno y durante muchos años mantuvo el récord de la nave más lejana de la Tierra. La última señal de radio recibida fue en 2003, cuando estaba a más de 12 000 millones de kilómetros de la Tierra. Pioneer 10 sigue viajando con su placa de oro que contiene información sobre la Tierra y la humanidad. ¿Leerá alguien este mensaje?

- Fue lanzada en 2018 y dispone de un escudo térmico que la protege de las altas temperaturas del Sol. Seguirá enviando datos hasta que culmine su misión. Viaja a toda velocidad hacia lugares donde nadie ha estado antes.

78 ¿QUÉ OBJETO HUMANO ha llegado más lejos?

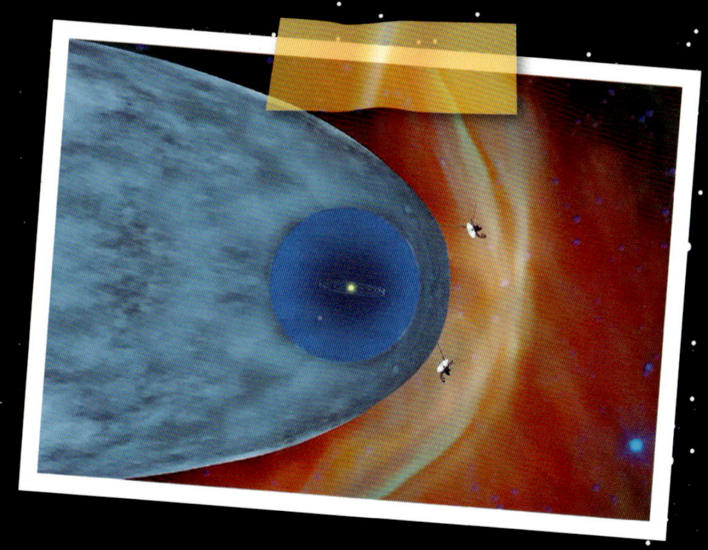

Voyager 1 fue lanzada al espacio por la NASA el 5 de septiembre de 1977. Se diseñó para estudiar los planetas de Júpiter y Saturno, aunque ahora se encuentra en el espacio interestelar, más allá de nuestro sistema solar. ¡Es el objeto creado por humanos que ha llegado más lejos!

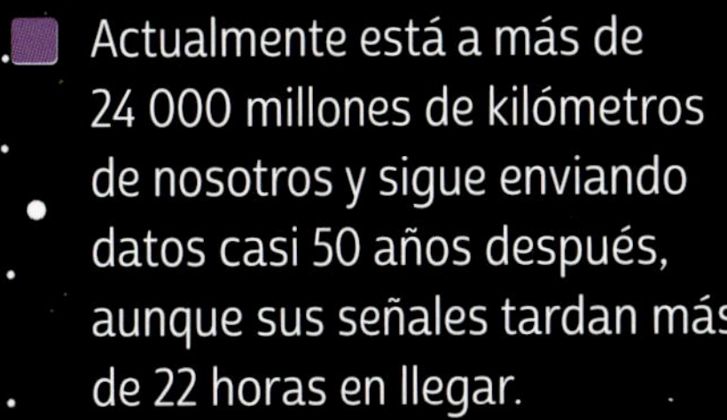

- Actualmente está a más de 24 000 millones de kilómetros de nosotros y sigue enviando datos casi 50 años después, aunque sus señales tardan más de 22 horas en llegar.
- Lleva un disco de oro con sonidos, imágenes y mensajes de la Tierra por si alguna forma de vida llega a encontrarla. ¡Esperemos que esto ocurra antes de que sus instrumentos ya no puedan enviar más datos!

79 ¿CUÁL FUE LA PRIMERA MISIÓN TRIPULADA en un transbordador espacial?

STS-1 fue la primera misión tripulada del Columbia, el primer transbordador espacial. Parecía un avión gigante que despegaba como un cohete, viajaba como una nave espacial y aterrizaba como un avión. ¡Y se podía utilizar más de una vez!

- La misión despegó el 12 de abril de 1981 y duró dos días. La cabina era superpequeña, y casi no había espacio para moverse. El transbordador dio 36 vueltas a la Tierra con los astronautas John Young y Robert Crippen a bordo. ¡Esta tripulación vio muchos amaneceres!
- Al despegar, los motores del Columbia eran tan fuertes que hicieron vibrar el suelo a kilómetros de distancia. ¡Parecía un trueno!
- A la vuelta, el transbordador aterrizó en una pista, como un avión grande. No cayó al agua.

Programa de lanzamiento de un transbordador espacial

1 Para el lanzamiento, el transbordador estaba formado por el tanque externo de combustible de color naranja; dos cohetes aceleradores sólidos delgados, blancos; y el vehículo orbital, que contenía la tripulación y era parecido a un avión. Se lanzaba verticalmente como un cohete convencional.

2 Unos dos minutos después del despegue, se soltaban los cohetes aceleradores, que descendían con la ayuda de paracaídas al océano para ser recuperados, reparados y reutilizados.

3 El tanque externo era expulsado y se quemaba en la atmósfera. A la vuelta, el vehículo orbital aterrizaba como un avión.

80 ¿CÓMO SE VIVE FLOTANDO en la estación espacial?

La Estación Espacial Internacional (EEI) es como una gran casa en el espacio que da 16 vueltas a la Tierra cada día, así que sus ocupantes ven el amanecer y el atardecer varias veces en una única jornada. Los astronautas pasan largas temporadas en este laboratorio espacial y, como no hay gravedad a esa altura, comen, trabajan y duermen ¡flotando!

Hacen unas dos horas de ejercicio al día en bicicletas estáticas y cintas de correr, ¡pero atados!

Como el agua flota en gotas, ¡olvídate de darte una ducha en el espacio! Emplean toallitas húmedas y pasta de dientes comestible que ¡tienen que tragarse!

Ir al baño tampoco es sencillo. Un tubo succiona la orina, de la que se recicla el agua útil. Para recoger las heces es necesario atarse al inodoro.

La comida llega envasada y preparada en paquetes especiales. Nada de granos de sal ni alimentos que produzcan migas. ¡Serían un problema flotando por la Estación!

Y cuando necesitan descansar, se meten en sacos que atan con cinturones a la pared para no salir volando. ¡Felices sueños!

81 ¿CUÁL HA SIDO el paseo espacial más largo?

Los astronautas que se encuentran en la Estación Espacial Internacional a menudo tienen que ir al exterior para reparar y hacer ajustes, lo mismo que hacemos todos en nuestras casas. De todas esas salidas, la más larga tuvo lugar el 11 de marzo de 2001, ¡casi nueve horas flotando en el espacio!

- La salida más larga la protagonizaron los astronautas estadounidenses Susan Helms y James Voss. Tenían por misión facilitar sitio para que un módulo de carga italiano pudiera proporcionarles suministros. Conectados por un cable a la estación, y equipados con sus trajes EVA -para actividades extravehiculares-, completaron con éxito su misión. ¡Vaya aventura!

82 ¿QUÉ ASTRONAUTA ha estado más días en el espacio?

Oleg Kononenko es la primera persona que ha estado más de 1100 días en el espacio. En 2024 superó el récord que tenía su compatriota Gennady Padalka con 878 días. Han sido cinco misiones a la Estación Espacial que lo convierten en un verdadero experto en vivir fuera de la Tierra. Si sumas todos los días, ¡más de tres años!

- Su estancia más larga a bordo de la Estación Espacial Internacional ha durado 347 días. Ha dirigido varias veces a los equipos de astronautas que vivían y trabajaban allí, ha realizado varios paseos espaciales y ha participado en experimentos científicos. Es todo un veterano espacial.

83 ¿QUÉ ASTRONAUTA ha ido más veces al espacio?

Franklin Chang-Díaz

Jerry Ross y Franklin Chang-Díaz son los dos astronautas que comparten el máximo número de viajes al espacio: siete. Además de realizar múltiples vuelos, también han contribuido significativamente a la ciencia y la exploración espacial. ¡Han hecho historia!

Jerry Ross

- Franklin Chang-Díaz realizó sus vuelos entre 1986 y 2002. Su trabajo se enfocó en poner en órbita satélites y participar en experimentos científicos.

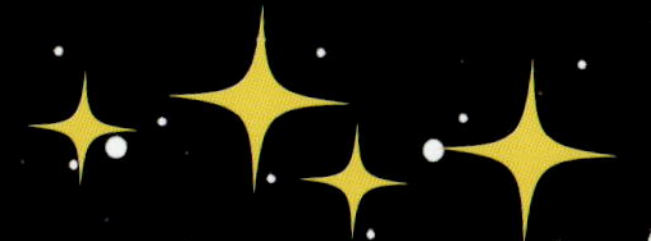

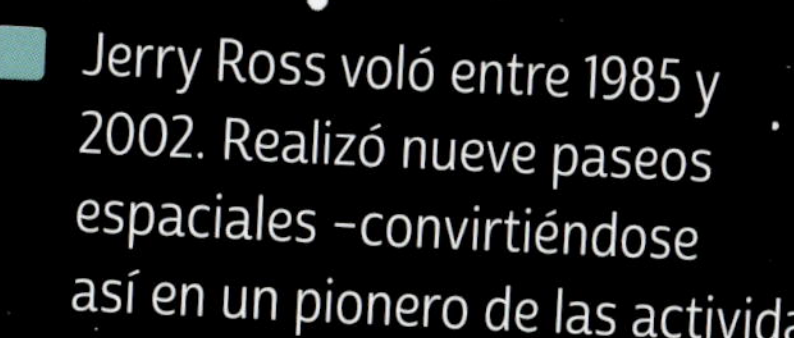

- Jerry Ross voló entre 1985 y 2002. Realizó nueve paseos espaciales –convirtiéndose así en un pionero de las actividades extravehiculares– y participó en la construcción de la Estación Espacial Internacional. ¡Cuántas experiencias acumuladas!

84 NO HAY LÍMITE DE EDAD para ir al espacio

Oliver Daemen

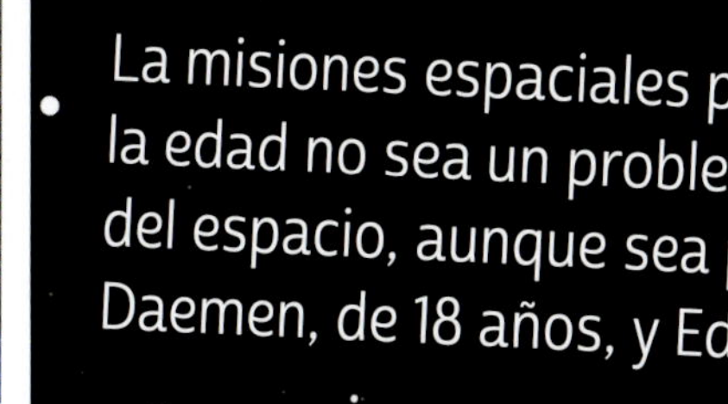

La misiones espaciales privadas han conseguido que la edad no sea un problema para volar y disfrutar del espacio, aunque sea por unos minutos. Oliver Daemen, de 18 años, y Ed Dwight, de 90, lo saben.

Ed Dwight

- Oliver Daemen era un joven estudiante holandés que participó en el primer vuelo suborbital tripulado de Blue Origin en julio de 2021. Fue la persona de menor edad en vivir esta experiencia.

- Ed Dwight fue el primer candidato negro a ser astronauta en su juventud, pero no pudo conseguir su sueño. En el 2024, con 90 años, 8 meses y 10 días, logró viajar al espacio y batir el récord de persona de más edad que realiza este vuelo de altura. ¡Nunca es tarde!

85 EL PRIMER TURISTA ESPACIAL

pagó 20 millones de dólares

Soyuz TM-32

Dennis Tito fue el primer turista espacial. En el 2001 hizo algo que nadie había hecho antes: pagó para ir al espacio como si fueran unas vacaciones, pero en vez de sacar un pasaje para un avión, ¡lo hizo para una nave espacial!

- Viajó a bordo de una nave rusa llamada Soyuz TM-32 y pasó varios días en la Estación Espacial Internacional viendo la Tierra desde lo alto y cumpliendo su sueño.
- Tuvo que entrenar mucho, casi como los astronautas, para estar listo para la aventura de ocho días que le costó ¡20 millones de dólares! Desde entonces, más personas han pagado para ir al espacio.

86 LAS PRIMERAS MISIONES COMERCIALES

tripuladas

Las misiones comerciales son viajes o lanzamientos espaciales organizados o pagados por empresas privadas. Se encargan de poner en funcionamiento satélites, trasladar equipamiento o astronautas a la Estación Espacial Internacional o llevar a turistas al espacio.

Crew Dragon

- En 2020 fue la primera vez que una empresa privada colaboraba con la NASA y llevaba en su propia nave a dos astronautas a la Estación Espacial Internacional. Robert Behnken y Douglas Hurley viajaron en la misión Demo-2 a bordo de la Crew Dragon de SpaceX. Este viaje marcó el inicio de los viajes espaciales comerciales.
- En 2021, Inspiration4 fue la primera misión espacial tripulada totalmente privada. No había astronautas profesionales a bordo, sino cuatro civiles que estuvieron tres días orbitando la Tierra. Viajaron en la cápsula Crew Dragon Resilience de SpaceX y alcanzaron una altitud de 590 km, ¡por encima de la Estación Espacial Internacional e incluso más lejos que el telescopio Hubble!

87 EL VUELO ESPACIAL MÁS CORTO

duró unos 11 minutos

En julio de 2021, el multimillonario Jeff Bezos voló al espacio en su nave New Shepard, un cohete reutilizable diseñado para llevar pasajeros al espacio. Lo hizo acompañado de otros tres tripulantes. Solo subió a unos 100 km y bajó. ¡Un viaje que no llegó a los 11 minutos!

Cápsula de la tripulación

Módulo de propulsión

New Shepard

- Se trataba de un viaje suborbital, turístico, donde los pasajeros pudieron experimentar unos minutos de ingravidez, como si no pesaran nada. La cápsula tenía amplias ventanas y los tripulantes disfrutaron de unas vistas espectaculares de la Tierra. ¡Se abrieron las puertas del negocio espacial!

Plan de vuelo del New Shepard

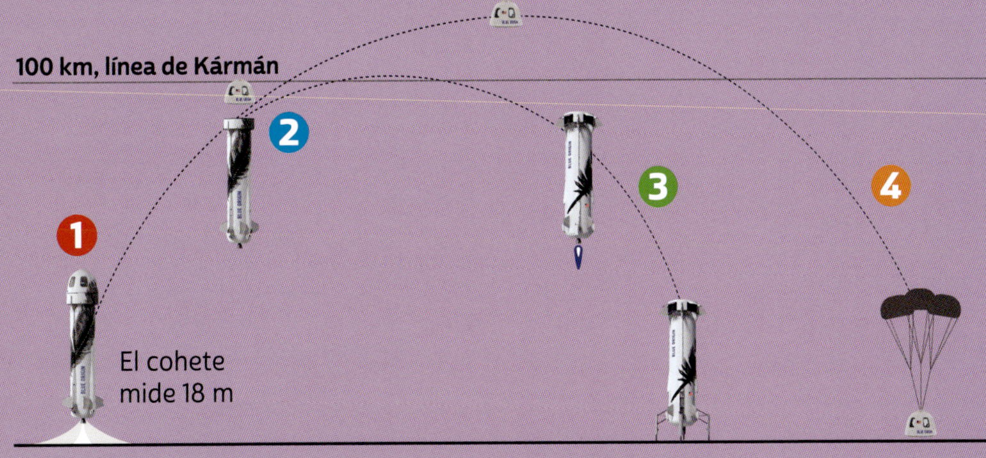

1. La cápsula y el cohete despegan verticalmente.
2. La cápsula se separa a unos 76 km y continúa ascendiendo hasta unos 106 km.
3. El cohete aterriza a unos 3 km de la plataforma de lanzamiento.
4. La cápsula aterriza con paracaídas en el desierto.

88 EL PRIMER CULTIVO COMESTIBLE en el espacio

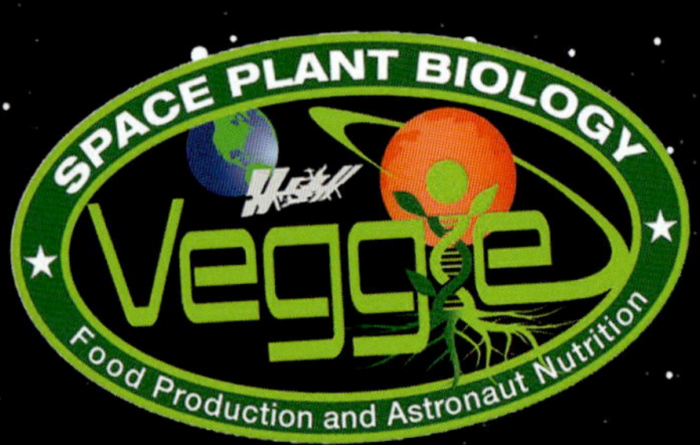

En 2015, como parte de un experimento llamado Veggie, los astronautas Scott Kelly, Kjell Lindgren y Kimiya Yui fueron los primeros en probar un cultivo hecho en la Estación Espacial Internacional: ¡Una lechuga roja!

- La lechuga se cultivó en un pequeño invernadero que proporciona luz LED y agua a las plantas. Antes de aventurarse a dar el primer bocado, los astronautas se aseguraron de que no tuviera contaminantes, y después de comer enviaron una muestra a la Tierra para que continuaran los análisis científicos.

- Este experimento demostró que cultivar alimentos espaciales es posible. Imagínate la importancia de tener productos frescos en el espacio. ¡Mmm..., qué delicia!

89 ¿QUÉ PAÍS TIENE MÁS SATÉLITES en el espacio?

Desde que el Sputnik 1 se lanzó al espacio en los años cincuenta, son miles los satélites que le han seguido, y su número sigue creciendo. La mayoría se encuentran en la órbita baja de la Tierra, entre los 500 y 1 500 km. Ya hay más de 11 000 alrededor de nuestro planeta y ¡la gran mayoría son de Estados Unidos!

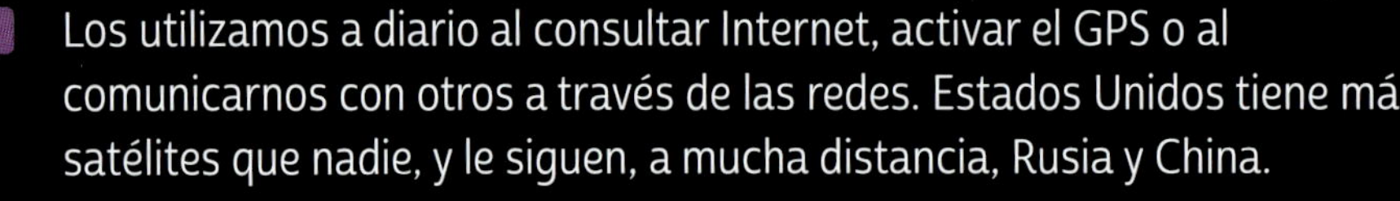

- Los utilizamos a diario al consultar Internet, activar el GPS o al comunicarnos con otros a través de las redes. Estados Unidos tiene más satélites que nadie, y le siguen, a mucha distancia, Rusia y China.

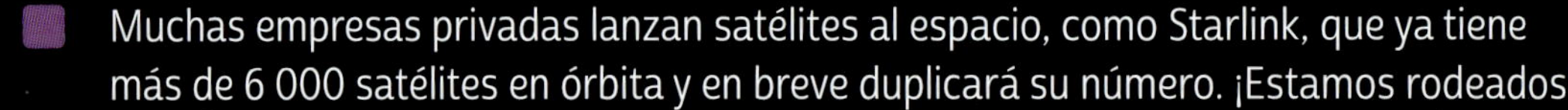

- Muchas empresas privadas lanzan satélites al espacio, como Starlink, que ya tiene más de 6 000 satélites en órbita y en breve duplicará su número. ¡Estamos rodeados!

90 ¿Qué animales sobreviven en el espacio?

Los tardígrados, conocidos como «osos de agua», son pequeños microorganismos que pueden sobrevivir en las condiciones extremas del espacio sin agua ni oxígeno y sometidos a radiación y temperatura extremas. ¡Son los campeones de la supervivencia espacial!

Existen en la Tierra desde hace más de 500 millones de años.

Resisten radiaciones 1 000 veces más fuertes de las que puede soportar un ser humano.

Miden entre 0,3 y 0,5 mm y viven en casi todos los ambientes, tanto en agua dulce como salada, e incluso sobre líquenes y musgos.

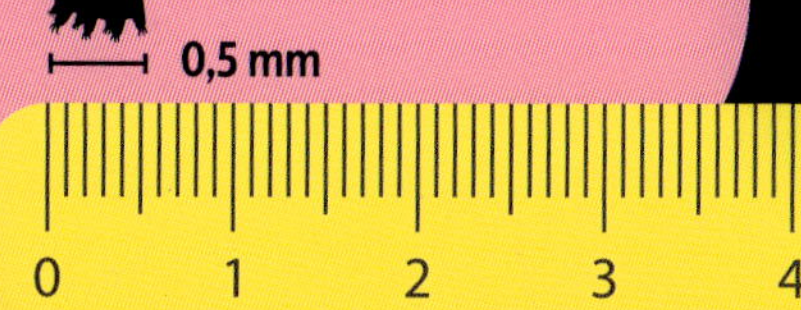

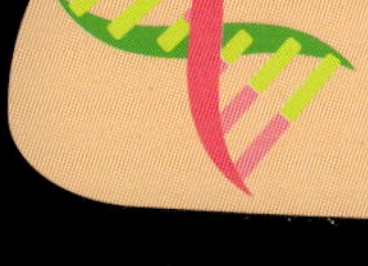

Pueden reparar su ADN después de sufrir daños por radiación.

Resistencia extrema

Un estudio publicado en la revista *Nature* señala que ni siquiera una aniquilación completa de la Tierra podría terminar con los tardígrados. En 2007, algunos tardígrados fueron enviados al espacio y sobrevivieron expuestos al vacío y la radiación solar directa durante 10 días... y sin traje espacial. ¡Son pequeños superhéroes!

Temperaturas extremadamente altas de más de 150 °C

Temperaturas extremadamente bajas de más de -200 °C

Deshidratación prolongada: pueden pasar más de 10 años sin agua

Ambientes tóxicos: pueden resistir a muchas toxinas mortales para otros seres vivos

91 ¿CUÁL FUE EL PRIMER SATÉLITE activo de comunicaciones?

Telstar 1 fue un satélite de comunicaciones que se lanzó al espacio en 1962 para hacer algo que ahora parece sencillo, pero que en su momento era una posibilidad de ciencia ficción: transmitir señales de televisión y conversaciones telefónicas por satélite. ¡Todo un reto para la época!

Telstar 1

- Medía poco más de un metro de altura y pesaba unos 77 kg. Era como una pelota grande dando vueltas alrededor de la Tierra. Solo funcionó unos meses, pero logró transmitir una señal de televisión en vivo entre Estados Unidos y Europa e hizo posible la primera llamada de teléfono por satélite. ¡Cambió para siempre la manera en la que nos comunicamos!

92 LA BASURA ESPACIAL crece alrededor de la Tierra

Los restos de cohetes y satélites viejos que ya no funcionan o se destruyen quedan flotando en el espacio como basura espacial. Se calcula que hay cerca de 9 000 toneladas de chatarra flotando alrededor de nuestro planeta. ¡Esto es un riesgo para los vehículos en órbita!

- Con cada lanzamiento, más pedazos de basura quedan en el aire. Se estima que hay unos 40 000 objetos dando vueltas, y estos restos viajan muy rápido. Cualquier impacto de un fragmento a esas velocidades puede provocar graves daños. ¡El espacio alrededor de la Tierra se está convirtiendo en un vertedero de chatarra!

93 ¿Cuál fue el día que más aumentó la BASURA ESPACIAL?

Fengyun-1C

El 11 de enero de 2007, China realizó una prueba de armas antisatélite y, durante este evento, un misil destruyó intencionadamente su satélite meteorológico, el Fengyun-1C. ¡La explosión generó más de 3 000 fragmentos grandes de basura espacial!

- Este impacto tuvo lugar a unos 865 km de altura, y los miles de pedazos que se generaron siguen flotando a alta velocidad. Estos restos representan un riesgo para los satélites y naves espaciales que se cruzan en su camino, y generaron más basura espacial peligrosa que ninguna otra misión en la historia.

94 ¿CUÁL ES LA MAYOR DISTANCIA alcanzada por el ser humano?

El momento en el que los humanos han estado más lejos de la Tierra fue durante la misión del Apolo 13, en 1970, cuando los astronautas viajaron a una distancia de 400 171 km, ¡y fue gracias a un fallo de la misión!

- Apolo 13 fue la séptima misión tripulada del programa espacial y su destino era conseguir alunizar. Una explosión en el tanque de oxígeno hizo imposible poder descender. En su regreso a la Tierra utilizaron la gravedad de la Luna para lograr un impulso. Pasaron por su cara oculta a una altitud de 254 km, 100 km por encima de cualquier otra misión. ¡No pisaron la Luna, pero batieron un récord!

Tripulación del Apolo 13: de izquierda a derecha, James A. Lovell, Thomas K. Mattingly y Fred W. Haise.

Módulo del Apolo 13

95 ¿CUÁL FUE EL COHETE que llevó al mayor número de ocupantes?

En 1985, la misión STS-61-A fue lanzada por la NASA a bordo del transbordador Challenger en su último viaje realizado con éxito. En el interior de la nave viajaban ocho personas, ¡el récord de la tripulación más grande!

Tripulación de la misión STS-61-A del Challenger

- El transbordador espacial era una nave reutilizable que podía llevar a más personas al espacio que las cápsulas más pequeñas, como las de las misiones Apolo. El lanzamiento fue el 30 de octubre y el aterrizaje el 6 de noviembre. Los ocho tripulantes estuvieron juntitos de principio a fin. ¿Te lo imaginas?

96 ¿CUÁNTAS PERSONAS han estado a la vez en el espacio?

El 12 de septiembre de 2024 se alcanzó el récord de humanos orbitando alrededor de la Tierra. Un total de 19 personas se encontraban al mismo tiempo fuera de nuestro planeta. ¡El día más concurrido en el espacio!

- En la Estación Espacial Internacional se juntaron a la vez 12 astronautas, seis rusos y seis miembros de la NASA. En la estación espacial china Tiangong había otros tres astronautas, y en la misión privada Polaris Dawn, que en ese momento también hacía historia por su paseo espacial, se encontraban cuatro tripulantes más. ¡Vaya fiesta se montó en el espacio!

97 LOS RÉCORDS ALCANZADOS por una misión privada

La misión Polaris Down, de la compañía SpaceX, logró hacer historia en la exploración comercial en septiembre de 2024. En su segundo día en órbita superó los 1 400 km de distancia de la Tierra, lo que supone el viaje más lejano de una nave tripulada en más de 50 años. ¡Vaya altura!

- Este no fue el único récord que quedó grabado para el recuerdo. Cuando estaban a 700 km de altura, el multimillonario Jared Isaacman y la ingeniera Sarah Gillis, dos de los cuatro tripulantes, realizaron el primer paseo espacial privado de mayor altura al asomar la cabeza fuera de la cápsula Dragon. ¿Te imaginas lo que pudieron sentir?

98 UNOS TRAJES ESPACIALES muy modernos

El ser humano no ha vuelto a pisar la Luna desde 1972, por eso, los trajes para las nuevas misiones se han diseñado para que sean más resistentes, flexibles, seguros, fáciles de manejar y funcionales para los dos sexos. ¡Son como pequeñas naves en miniatura!

Cámara de televisión

Sistema de soporte vital
Almacena oxígeno para 7 horas.

Casco de policarbonato
El visor actúa como espejo para disminuir el reflejo del sol. El casco contiene una bolsa con agua.

Panel
Controles de oxígeno y de temperatura.

Torso superior duro
Hecho con fibra de vidrio con espacios para montar brazos, instrumentos y el sistema de soporte vital.

Tela térmica antigolpes
Ocho capas gruesas superpuestas para proteger contra golpes de minimeteoros.

- El traje protege contra el vacío del espacio y de las temperaturas extremas de 135 °C con luz directa y de −82 °C en la sombra.

99 EL UNIVERSO

está en expansión

El universo comenzó con una gran explosión hace muchísimo tiempo, unos 13 800 millones de años. Todo lo que vemos, las estrellas, los planetas o las galaxias, viene de esa explosión inicial conocida como el Bing Bang. Pero el universo está en expansión, ¡no para de crecer en todas las direcciones!

Galaxias modernas
Actualidad

Primeras galaxias
1 billón de años

Aparecen las primeras estrellas
300 millones de años

380 000 años

Big Bang
0

■ Al principio el universo no era tan grande, pero comenzó a aumentar su tamaño y sigue creciendo cada día. Edwin Hubble fue el científico que descubrió que todas las galaxias van alejándose, y que cuanto más lejos están, más rápidamente lo hacen.

Ley de Hubble

Imagínate que el universo es como un globo. Antes de inflarlo, puedes pintar sobre él varios puntos que representen las diferentes galaxias (1). A medida que vayas introduciendo aire en su interior, verás que se va haciendo más grande, y que esos puntos que dibujaste empiezan a separarse unos de otros (2). Cuanto más lejos están de la boquilla, más rápido se alejan entre sí (3). ¡Eso es lo que ocurre a medida que el universo se expande!

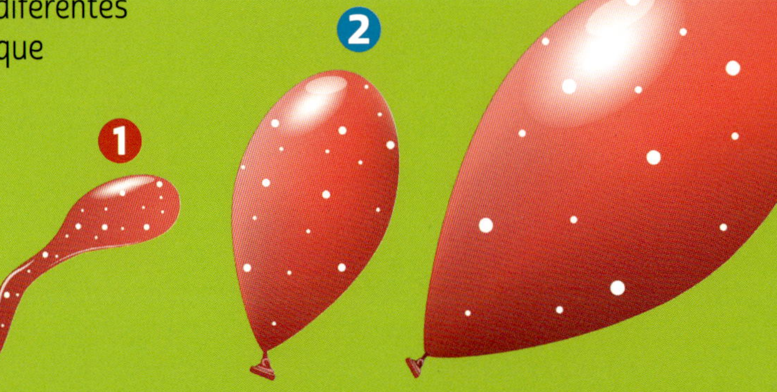

100 LA MAYOR PARTE DEL UNIVERSO
es materia y energía oscura

Hemos visto que el universo es gigante, y que las galaxias, estrellas, planetas, asteroides y demás cuerpos celestes presentan un montón de curiosidades. Pues lo más sorprendente es que lo que podemos ver constituye solo un 5 % del universo. ¿Cómo te quedas?

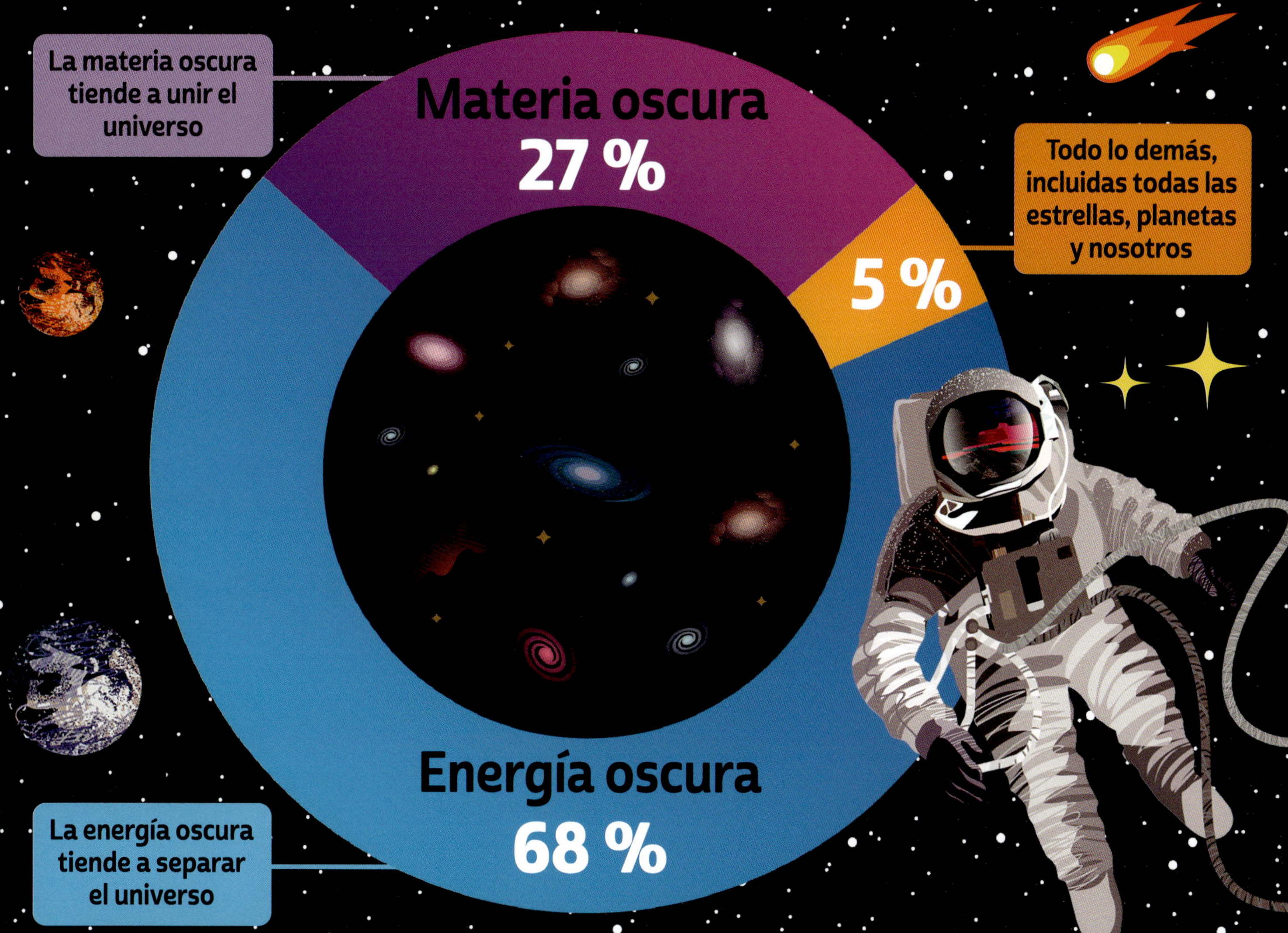

El universo está compuesto de un 27 % de materia oscura y un 68 % de energía oscura que no podemos ver. Los científicos han detectado que existen por los efectos que causan en los movimientos de los cuerpos celestes en el universo. Estos componentes misteriosos no actúan de la misma manera:

- La **materia oscura** es una forma de materia que no podemos ver porque está compuesta por partículas que no absorben, reflejan o emiten luz. Ayuda a que las galaxias se mantengan unidas. Sin ella se desarmarían. ¡Actúa como un pegamento galáctico!
- La **energía oscura** es una fuerza misteriosa que empuja a que las galaxias vayan alejándose unas de otras y está causando que el universo se expanda cada vez más rápido. ¿Hasta dónde? No se sabe.

101 ¿HAY MÁS UNIVERSOS?

Algunos científicos creen que podría haber más universos, no solo uno, aunque todavía son solo teorías que no han podido comprobarse. Si el universo ya nos parece gigantesco, ¿imaginas que existieran múltiples universos?

El concepto de **multiverso** hace referencia a que podría haber muchos universos, incluyendo el nuestro, que constituyen la totalidad del espacio, todo lo que existe en diversos niveles y dimensiones. El cosmólogo Max Tegmark habla de diferentes tipos de universo: algunos podrían parecerse en algo al nuestro y otros ser totalmente diferentes, con otras leyes físicas. Cada uno sería como una burbuja gigante.

La hipótesis de muchos mundos, desarrollada por el físico Hugh Everett en la década de los cincuenta, sugiere que cada vez que tomamos una decisión importante o pasa algo, el universo se divide en diferentes versiones o **mundos paralelos**. En cada uno sucede algo distinto que completa todas las opciones posibles. Por ejemplo, si lanzas una moneda y sale cara, habrá otro universo en el que te haya salido una cruz. Uf, ¡esto es muy difícil de entender!

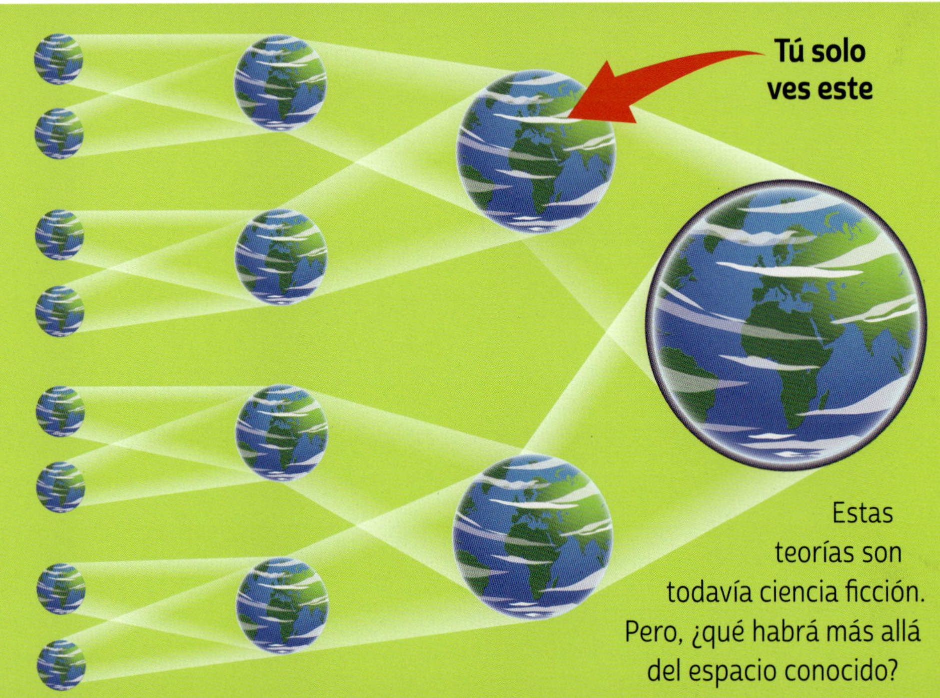

Estas teorías son todavía ciencia ficción. Pero, ¿qué habrá más allá del espacio conocido?